Maria Helena Farelli

A BRUXA DE ÉVORA

Rio de Janeiro

Impresso no Brasil

Copyright©2001
Maria Helena Farelli

Produção editorial
Pallas Editora

Coordenação editorial
Heloisa Brown

Revisão tipográfica
Maria do Rosário Marinho
Heloisa Brown

Editoração eletrônica
Vera Barros

Ilustrações de miolo
Renato Martins

Todos os direitos reservados à Pallas Editora e Distribuidora Ltda. É vetada a reprodução por qualquer meio mecânico, eletrônico, xerográfico etc., sem a permissão por escrito da editora, de parte ou totalidade do material escrito.

CIP-BRASIL. CATALOGAÇÃO-NA-FONTE.
SINDICATO NACIONAL DOS EDITORES DE LIVROS, RJ.

F23b	Farelli, Maria Helena.
2ª ed.	A bruxa de Évora / Maria Helena Farelli. [ilustrações:
2ª reimp.	Renato Martins] – 2ª ed. – Rio de Janeiro : Pallas, 2013.
	ISBN 978-85-347-0344-4
	1. Feitiçaria – Évora (Portugal) – História. I. Título.
01-1239	CDD 133.4309469
	CDU 133.4 (469)

Pallas Editora e Distribuidora Ltda.
Rua Frederico de Albuquerque, 56 – Higienópolis
CEP 21050-840 – Rio de Janeiro – RJ
Tel./fax: 55 21 2270-0186
www.pallaseditora.com.br
pallas@pallaseditora.com.br

"Pessoas que encontramos pela rua (...) se dão em segredo à prática da Magia Negra, ligam-se ou procuram ligar-se aos Espíritos das Trevas, para satisfazer seus desejos de ambição, ou de amor (...)"

(J. K. Huysmns, Prefácio a J. Bois,
Le Satanisme et la Magie, 1895.)

Eis a razão de eu ter escrito, na entrada do terceiro milênio, a vida, a obra e a fantasia da Bruxa de Évora. Não por ambição, talvez por amor.

SUMÁRIO

Apresentação 🍵 9

Prefácio 🍵 11

Portugal entre rei católico e crenças medievais 🍵 15

Peregrinos e pagadores de promessas 🍵 23

Mouros encantados nas vizinhanças de Évora 🍵 29

Maravilhas na Sé de Évora 🍵 35

Encantarias da Bruxa de Évora 🍵 41

Monstros e dragões 🍵 47

O livro negro das bruxas 🍵 55

Visões e fantasmagorias em tempos de festa 🍵 61

Bruxaria entre alegria e morte 🍵 67

Travessuras e feitiços da Bruxa de Évora no Brasil 🍵 75

O livro de orações da Bruxa de Évora 🍵 83

Feitiços da Bruxa de Évora 🍵 89

Bibliografia 🍵 115

APRESENTAÇÃO

Em um depoimento acerca das feiticeiras modernas, a autora de "A Bruxa de Évora", Maria Helena Farellli, diz que "é bem fácil reconhecer uma bruxa. Ela tem o olhar claro e direto e é sempre muito simpática." Diz ainda que é neta de uma cartomante cigana e sobrinha de uma quiromante; diz também que descobriu cedo que era bruxa. Mesmo assim, tentou mudar seu destino: formou-se em jornalismo e quis seguir uma carreira independente das tradições familiares. Mas a sorte só batia à sua porta quando escrevia sobre temas místicos. Por isso, resolveu assumir definitivamente sua missão e hoje, quarenta livros publicados, sabe que fez a opção certa.

Ela afirma ainda que "as bruxas modernas não cruzam os céus cavalgando vassouras nem cozinham morcegos em enormes caldeirões, tampouco correm o risco de serem levadas às fogueiras da Inquisição." Ao contrário, "bem-sucedidas e respeitadas, elas se apresentam em programas de TV e de rádio, recebem clientes de todo o mundo e na hora de viajar preferem o conforto dos aviões."

Isso é verdade. Mas, o que acontece quando uma feiticeira fala de outra bruxa, bem mais velha, que viveu na Idade Média, quando se temia a chegada do fim do mundo e do Anticristo? Voam sapos e morcegos? Sim, e sabedoria! E assim é este livro. Quando entra o século XXI e todos escrevem sobre Nostradamus, Maria Helena Farelli nos fala de alguém tão famoso em Portugal quanto este profeta; só que ela, a Bruxa de Évora, está mais perto de nós, pois nos foi trazida pelos nossos colonizadores em meio a santos, lendas e coragem em desbravar o mundo.

Tendo um avô português, a autora presta uma homenagem a Portugal e a seus navegadores que fizeram nosso país e nos legaram a língua mais difícil do mundo e a magia mais poderosa da Europa medieval. E nossa personagem, de Évora, dos anos do início do milênio, vem mesmo a calhar. Deméter, Ísis, Ishtar voam nos ares. Abram o livro, leitores, que é tempo de grandes feitiços!

O Editor

PREFÁCIO

Enquanto eu escrevia sobre uma personagem que viveu em Évora, durante a Idade das Trevas, o Brasil comemorava 500 anos e louvava Portugal pela descoberta deste paraíso que deve ter sido nossa terra virgem aos olhos lusitanos, na hora espantosa da chegada.

Eles vinham com a Cruz de Cristo vermelha sobre o branco das velas das suas naus. Traziam fome, sede e o voraz desejo de ouro. Mas traziam também sua tradição, seus costumes, as lendas portuguesas, nascidas dos povos que fizeram sua etnia – iberos, romanos, fenícios e mouros; e nos legaram, junto com o cristianismo, esse fabuloso lendário.

Em 1500, o Renascimento desencadeou um processo de descristianização da Europa ao valorizar o humanismo, o materialismo e o paganismo, mas Portugal não abriu mão do amor a Cristo, e o infiltrou em toda terra por ele conquistada. Mas o cristão português acreditava também em mouras tortas, almas penadas, lobisomens, burrinhas-de-padre; e os guardou em seus baús na viagem pelo mar tenebroso. Eles sentiam no oceano dragões escamosos, serpentes esverdeadas, o inferno medievo, como bem descreveu Joãozinho Trinta, o famoso carnavalesco, no enredo apresentado por uma escola de samba do Rio de Janeiro no carnaval de

2000, que mostrava as visões de paraíso e de inferno presentes no Brasil.

    Essas histórias foram tão importantes para o povo brasileiro, que um marco de pedra fincado em 1501 por navegantes portugueses no litoral do Rio Grande do Norte, que possui a cruz da Ordem de Cristo e o escudo português esculpidos em relevo, é hoje cultuado como objeto sagrado por comunidades da região de Pedra Grande. O culto à pedra resistiu ao tempo: agora ela é chamada "Santo Cruzeiro" e faz curas. Assim, o lendário de nossos colonizadores continua vigoroso em pleno século XXI. Adaptou-se à umbanda, trazendo para ela os santos protetores que estão em cada altar de tendas e abaçás: São Sebastião, Nossa Senhora dos Navegantes, Nossa Senhora da Conceição, São Jerônimo, São Jorge, São Lázaro. E uniu-se ao folclore negro iorubá e ao indígena, dando origem ao folclore nacional. É esta tradição, esse mundo mágico que envolve a vida da Bruxa de Évora.

    Mas, por que escolhi uma personagem medieval? Por que quis mostrar seus trabalhos e encantarias? Porque há uma teoria entre escritores e intelectuais, entre eles Vacca (seu criador) e Umberto Eco, um dos mestres da literatura contemporânea, de que poderemos entrar numa nova Idade Média após o colapso total do sistema em que vivemos. Eu creio nessa teoria, porque a bruxaria está de volta em todo o mundo, porque o cristianismo está exagerado e ocorre o crescimento das seitas muçulmanas, penetrando em redutos cristãos, como o fizeram na Idade das Trevas. Populações de rua surgem em todas as grandes cidades.

Isto tudo era comum nos anos do feudalismo. Como ocorreu no primeiro milênio, a fome e o medo acompanharam o homem do fim do segundo milênio. Teremos uma nova Idade Média?

Todos os filmes que batem recordes de bilheteria falam sobre magia, feitiços, armas encantadas. Assim, vamos olhar de perto nosso personagem, a bruxa da cidade de Évora, em Portugal, rezadeira, feiticeira, cartomante, um dos aspectos Lilith na mulher. Em resumo, uma mulher só, em busca de sua sobrevivência. E em tudo isso aparece a envolvente beleza da Grande-Mãe, Ishtar, Diana, Fortuna, Afrodite, Vênus, a Madona.

Axé, bruxa de Évora! Evoé Baco, Momo, Pã, Príapo, deuses chifrudos e lascivos! Saltem, faunos e silenos! Acendam a fogueira ritual e ponham nela o caldeirão de ferro. Ela, a bruxa de Évora, voará em seu bode alado.

Maria Helena Farelli
(Líder do Templo de Magia Cigana.)

PORTUGAL ENTRE REI CATÓLICO E CRENÇAS MEDIEVAIS

Contam lendas de além-mar que viveu em Portugal uma poderosa bruxa. Essa bruxa foi famosa. Centenária. Poderosa. Era a bruxa da cidade, que andava com um mocho às costas e que tocava harpa nas noites frias de inverno. Aliada do Tinhoso, era ao mesmo tempo temida e adorada.

Numa casa, um simples casebre, vivia a esperança de muitos, o pavor de outros: a Bruxa de Évora, a Moura Torta, a guardadora dos segredos dos feitiços do Oriente, a que voava em camelos alados nas noites de lua cheia, a boca-suja, a praguejadora, a maga negra, a que fazia as mulheres engravidarem (pois dizem que até as mulheres nobres a procuravam para terem filhos, depois de tentarem promessas, rezarem missas e chorarem aos pés dos santos Sebastião, Jorge e Pudenciana, a virgem)... Vivia como eremita, sempre só em sua casa, com suas galinhas e coelhos, com chapelão, saia e avental, com sapatos golpeados, murmurando rezas estranhas...

Vamos contar suas histórias, seus feitiços e suas lendas. Ponham atenção... sintam seu cheiro de cânhamo e beladona... É tempo de almas penadas e de santos vivos... É tempo de magia negra!

Nossa história se passa em Évora, lá pelos idos de 1230, setenta anos depois da tomada de Lisboa aos mouros que lá viviam e mandavam, adorando a Mafoma e a Allah; grande feito dos guerreiros portugueses, alcançado graças ao sacrifício de Dom Martim Moniz, senhor do domínio de Ravasco, que deu a vida para que os portugueses se apoderassem do castelo de Achbuna.

A vida mantinha então as cores de um conto de fadas. Pois as idéias dominantes eram as do Velho Testamento, do romance de cavalaria, da balada. Narrativas de aventuras eram comuns; e talvez esta seja apenas mais uma delas.

A cavalaria na Idade Média criou um ideal de homem forte, vigoroso e amante; mas a bruxaria deu o lado encantado dessa era. Cavaleiros andantes, bruxas, padres andarilhos, magos, alquimistas, reis, freiras, papas e imperadores reinaram por todo esse período. Ordens como a de São João, a dos Templários e a dos Teutônicos levavam os homens aos reinos da fantasia. O cavaleiro andante, fantástico e misterioso, era sem apegos como os primeiros templários o foram, e tão mágicos quanto as bruxas e seus sabás... só encantamento, sonho, como uma festa de tolos ou uma saturnália.

O jovem herói libertando a virgem e a bruxa voando numa vassoura fazem parte do mesmo mundo, de insaciabilidade juvenil, de um primitivismo romântico, pois qualquer ação, mesmo a mais simples, era, nessa época, levada à categoria de um ritual. Incidentes de menor importância como uma viagem, uma visita, eram rodeados por mil formalidades, bênçãos, cerimônias.

Uma atmosfera de paixão e aventura envolvia a vida dos príncipes; e uma onda de tristeza envolvia o povo. Era como se um sentimento de calamidade iminente ameaçasse a todos, originado de idéias de fim de mundo, de inferno, de demônios e duendes. Aí entrava o poder de bruxos, magos, alquimistas em busca do ouro.

Nesses tempos, Portugal contava com uma população de pouco mais de um milhão de almas. Era uma mistura de gente com traços visigodos e árabes; havia muitos espanhóis e até pessoas com traços romanos. Desta miscigenação nasceu a gente do reino de Portucália.

A virada do primeiro milênio ocorrera há pouco tempo e a Europa vivia no apogeu do feudalismo. Os camponeses mal vestidos, rasgados, mal alimentados, produziam apenas o suficiente para o consumo; mas o luxo havia aumentado extraordinariamente entre a nobreza e o clero. Os homens ricos, com suas túnicas forradas de peles, com barretes e gorras rígidas, andavam lentamente pelas ruelas, embelezados por chapéus de veludo, de feltro ou de pano, ponteagudos e duros. Calçados pontudos, feitos de cordovão[1], pisavam forte, revelando a importância de seus possuidores; as damas usavam-nos tintos de cores vivas, prateados ou dourados. De vez em quando, um tocador de gironda[2] ou de bandolim alegrava as ruas com suas canções engraçadas.

As mulheres passeavam pelas praças, olhando para os telhados. Trajavam túnicas de cores variadas,

---

[1] Cordovão = couro de cabra produzido em Córdova.
[2] Gironda = instrumento musical da Idade Média.

feitas com fios cruzados, e cobriam-se com mantos de tecidos grosseiros ou de peles. Usavam torques[3], braceletes e ajorcas[4]. Muitas usavam polainas[5] ou calcetas[6] para melhor serem vistas. As viúvas passavam de cabelo curto, pois assim mandava a moda, e uma touca branca. As casadas traziam os cabelos atados, presos, e as solteiras, soltos ao vento. Eram belas, com olhos mouros e cabelos negros. Todas adoravam a falecida rainha Mafalda, que fora enterrada com toucado em rolo, coroa real aberta, manto preso por um firmal[7], esmoleira[8] pendente da cinta. E adoravam os trajes das visigodas, mulheres dos bárbaros do norte que invadiram a região no princípio do século V e que modificaram a vida na Espanha e em Portugal. Elas usavam umas calças que desciam até o joelho ou até o tornozelo; e um saiote com uma correia amarrada à cintura. Usavam a blusa com gola de cabeção[9] e mangas curtas. Muitas lusitanas nobres usaram então esse traje.

O povo, ignorante dessas modas, usava sempre as roupas que sobravam dos outros, remendadas, grossas e sujas. Comprimida em casas juntas umas das outras, aquela gente pobre de Portugal somente conhecia de perto a sujeira decorrente da falta de água e de esgoto, e o mau cheiro em face do ar confinado nas ruas

---

[3] Torque = cordão de ouro ou prata, curto, usado como gargantilha.
[4] Ajorca = o mesmo que axorca; argola usada na perna ou no braço.
[5] Polaina = cobertura para a perna e a parte superior do sapato.
[6] Calceta = meia com babados.
[7] Firmal = broche com medalha.
[8] Esmoleira = bolsinha ou sacola para dinheiro miúdo.
[9] Cabeção = gola larga.

estreitas e tortuosas das cidades da Idade Média. Esse povo, em sua maioria, exercia as chamadas artes mecânicas, em número de sete: eram camponeses, caçadores, soldados, marinheiros, cirurgiões, tecelões e ferreiros.

Dessa relação estavam excluídos os comerciantes, cujo prestígio era tão baixo, que ocupavam o último lugar na escala das profissões, apesar de terem sido eles os que navegaram pelo antigo "mare nostrum" dos romanos (o Mediterrâneo) para vender especiarias, tecidos, tapetes e jóias. O preconceito contra o comerciante estava arraigado. A nobreza e o povo o detestavam: a nobreza, porque o comerciante tinha dinheiro; e o povo, porque achava que ele não trabalhava duro.

Sem dúvida, era a Igreja a responsável por essa idéia: os padres diziam que quem realizava empréstimos incorria em falta grave perante Deus; os comerciantes emprestavam dinheiro a juros, por isso a Igreja acompanhava vigilantemente suas atividades... e muitos foram parar nas fogueiras da Inquisição, acusados de usura e avareza, pecados contra Deus, agravados pelo fato de a maioria dos banqueiros e comerciantes da época serem judeus. Para evitar isso, os ricos deixavam parte de sua fortuna para algumas pessoas a quem haviam defraudado, e outra parte ficava com a Igreja, que a aceitava em sinal de arrependimento... assim, o comerciante pecador poderia vislumbrar alguma esperança de vida eterna... e a Igreja prosperava.

Já os servos da gleba, só tinham de trabalhar... a relação senhor-servo era o cumprimento da vontade de Deus (diziam os padres). Assim o mundo estava organizado. Os bruxos que se rebelavam iam direto para a fogueira. E uma mulher que ganhava sua vida com sortes e feitiços, e nada devia ao senhor da terra e à Igreja, deveria por certo ser morta... assim pensavam alguns, como os eremitas, que abandonavam as cidades e iam viver em cavernas. Esses eremitas odiavam os bruxos; e a cristandade os perseguia sempre. As execuções eram muitas, e para o povo, esse era um espetáculo muito interessante. Mas a Bruxa de Évora não morreu na fogueira. Virou assombração... dizem que sumiu, transformando-se em fantasma...

PEREGRINOS E PAGADORES DE PROMESSAS

A Bruxa de Évora viveu no tempo do rei Afonso Henriques, o primeiro rei de Portugal, quando o reino usufruía em parte dos conhecimentos misteriosos dos Cruzados que chegavam da Terra Santa cheios de relíquias que vendiam a preços altíssimos, enriquecendo então.

Em Portugal, como em toda a Europa medieval, apesar das condições de trabalho que prendiam os homens às suas próprias localidades, estes tornavam-se muitas vezes viajantes. Os soberanos, em especial, viajavam constantemente, indo várias vezes à Terra Santa.

Peregrinos cristãos de todas as camadas sociais viajavam em busca de lugares santos e de relíquias dos santos. Muitos partiam para Jerusalém, enfrentando infiéis mouros, turcos e árabes, enfrentando a fome e as epidemias, em busca de coisas divinas, que eram vendidas na Europa por grandes somas: bentinhos, escapulários, pedaços da Cruz de Cristo[10], panos que enrolaram

---

[10] Segundo as lendas, quem descobriu a Cruz de Cristo foi Santa Helena. Ela dizia que nos pedaços de madeira havia propriedades curativas. Cirilo de Alexandria, escrevendo em meados do século IV, disse que porções da cruz já se tinham espalhado por todo o mundo. São Paulino recebeu um fragmento da cruz de sua parenta, Santa Melânia, quando esta regressou da Terra Santa. Ele, por sua vez, enviou-a a seu amigo Sulpício Severo, o historiador, no ano 404.

múmias usados como remédios, pedaços de sandálias de santos martirizados e panos que haviam envolvido objetos santos. Eles também podiam contemplar o lugar exato onde o compasso de Deus se deteve e girou ao descrever o círculo do mundo.

Outros peregrinos, de Portugal principalmente, iam a Santiago de Compostela; e outros, ainda, a Roma. Todos levavam armas, pois os muçulmanos atacavam-nos nos caminhos. E levavam cruzes e amuletos, conchas (símbolo do peregrino) e comida. Iam a pé ou a cavalo. Atravessavam pontes (e era necessário pagar para passar por elas). Músicos mascarados, com carroções e roupas espalhafatosas, também viajavam. Eles divertiam os seus companheiros de viagens: usavam máscaras de animais e tocavam violas. E como não existiam estalagens, muitas vezes eles todos – peregrinos, músicos, vendilhões, espertos comerciantes – dormiam no mato, acesas as fogueiras e abertas as garrafas de vinho.

Nessas viagens, todos enfrentavam pestes, frio, roubos, e muitos contavam que enfrentavam bruxos que tudo faziam para que eles não fossem às terras santificadas. Numa peregrinação, um homem de Braga contou que estava preparando-se para dormir quando viu uns bruxos voando em vassouras, feios, bicudos, com mantos negros, e que pretendiam atacar agrupe de peregrinos .

"–Valham-me Santo Ambrósio, São Jerônimo, Santo Agostinho e o Papa."

Ele gritou. Chispas voaram da fogueira. Um uivo se fez ouvir: Satã por certo estava lá; e a Bruxa de Évora foi vista voando num bode preto... A bruxa voava alto, acompanhada por um veado e por um javali alados. Lebres e raposas saíam das tocas e saudavam a velha feiticeira dando guinchos... Esta mesma história é contada em Ruão, junto à catedral, e em Reims, pelos membros do baixo clero. E eles juram por Abraão e Melquisedeque, pelos vitrais sagrados de todas as catedrais...

Na época, os padres mandavam em toda parte. Os mosteiros, no início locais de retiro e introspecção, agora eram centros de cultura. Cabia à Igreja o papel de guardar o patrimônio cultural acumulado da Grécia, da Babilônia, de Alexandria, enfim, o saber reunido durante muitos séculos. Sob a luz de grossas velas, monges liam e copiavam. Difundiam entre si o acervo da Antiguidade.

Os dízimos, os donativos, as dádivas, as esmolas, os tributos e os emolumentos dos serviços espirituais faziam a Igreja cada vez mais forte e rica; e o grande movimento das Cruzadas para a Terra Santa muito contribuiu para isso.

Portugal, com sua forte vocação para o mar, participou ativamente desse movimento. Quando o reino se preparava para uma grande expedição, tudo deveria seguir conforme o combinado, pois tratava-se de uma Cruzada, onde a pontualidade era imprescindível. O primeiro passo era o recrutamento dos homens; mas como o rei iria convencer aquele povo ignorante e medroso a deslocar-se para terras longínqüas, desconhecidas, encarar sem medo os sacrifícios e colocar em risco a própria vida? Onde achar tantos guerreiros que soubessem manejar bem as armas? Eles teriam de perfurar túneis sob as fortificações de Jerusalém, construir catapultas que atirassem pedras no interior das muralhas, subir pelas escadas para se lançarem no interior das praças, agüentar a luta contra as espadas infiéis.

O rei teria de acenar-lhes com vantagens para que os portugueses matassem mouros, como ocorrera na batalha de Alcácer-do-Sal, anos antes. O rei teria de lhes dar privilégios, e o Papa deveria perdoar-lhes os pecados, dando às esposas e aos filhos o manto seguro da Igreja... Foi por esse motivo que, durante as Cruzadas, a Igreja começou a conceder indulgências, as chamadas "Bulas da Santa Cruzada", compradas por aqueles que se iam arriscar nas guerras na Terra Santa.

Mas não foi esta a única fonte de riquezas para a Igreja. Todos os reis cristãos, ao vencerem uma batalha, davam parte das terras tomadas à Igreja. E também havia a riqueza que vinha dos infiéis que, ao serem derrubados pelos cristãos, tinham parte de suas terras doadas ao clero.

A Igreja tornou-se assim proprietária de um terço de todas as terras da Europa. Ao lado das grandes catedrais pululavam as pequenas igrejas, sobretudo no norte de Portugal, onde o desenvolvimento das ordens religiosas provocou a construção de muitos edifícios convencionais. O ouro chegava fácil a Roma, como antes a Constantinopla. A Igreja aproveitava o fervor religioso da época, crescia cada vez mais e se tornava mais poderosa.

MOUROS ENCANTADOS NAS VIZINHANÇAS DE ÉVORA

Apesar de toda a força da Igreja, o português sempre acendeu uma vela para Deus e uma para o "outro". Até nas igrejas ele fazia mirongas. Na pedra d'ara[11] ele fazia preparos mágicos; atrás do altar também. E até os padres eram acusados desses feitos. Mas os considerados grandes bruxos eram os mouros e os judeus (apesar de estes não o serem, e sim cabalistas). Na concepção da época, todo mouro era infiel, todo judeu era avaro...

A civilização árabe veio a florescer no norte da África e no Oriente Médio quando duas grandes civilizações, a dos bizantinos e a dos persas, projetavam seus últimos resplendores. Foi quando os árabes começaram suas guerras de invasão. O mundo novo onde entravam os discípulos de Maomé surpreendeu vivamente sua imaginação inflamada, e eles não tardaram a dedicar-se aos estudos das artes, letras e ciências ocidentais com tanto entusiasmo quanto o que dedicaram às conquistas. Assim que os califas consideraram garantido o seu império, fundaram em todas as cidades importantes diversos centros de ensino, e seus sábios traduziram do grego as grandes obras do conhecimento antigo. Bagdá,

---

[11] Pedra d'ara = a pedra benta que forma a superfície do altar.

Cairo, Toledo, Córdova tiveram dessas escolas. O califa Alhakan II tinha, só na Espanha, 600.000 livros, enquanto Carlos, o Sábio, da França, não tinha mais do que 900 volumes na biblioteca do reino. Assim, eles não eram incultos ou ignorantes.

Muitos árabes viviam em Portugal nos tempos dos reinos mouros da Península Ibérica; mas os cristãos sempre tentavam expulsá-los. O povo reclamava apenas a expulsão dos árabes, mas o clero, mais radical, pedia algo mais forte: queria que eles fossem todos degolados, sem perdoar as mulheres e as crianças. Pois todos os árabes, ou mouros, como eram chamados, embora os nomes não sejam sinônimos[12], eram para eles infiéis e adoradores do mal; mas, na verdade, eram um povo culto e civilizado.

Lisboa foi uma das principais cidades dominadas pelos árabes no território português; mas não mostra apenas a sua influência. Ela foi ocupada pelos romanos no ano 205 a.C., sendo uma das cidades mais antigas da Europa. A lenda lhe atribui uma origem fantástica: teria sido fundada pelo herói grego Ulisses, justificando assim a etimologia de seu nome – Olissibona ou Lissibona. Mas, de todos os antigos conquistadores, foram os árabes que deixaram a influência mais profunda, com oito séculos de permanência na Península Ibérica.

---

[12] Os árabes são povos de religião islâmica, originários da Arábia, na Ásia Menor, que formaram um império abrangendo, por conquista, o norte da África e a Península Ibérica; os mouros eram, na Idade Média, um povo de religião islâmica, originário da Mauritânia, no norte da África.

Na época de que falamos, o oriente muçulmano era sentido com toda sua força em Lisboa, como pode ser visto ainda hoje, principalmente em Alfama; o próprio nome desse bairro é árabe e sua sé foi construída sobre uma antiga mesquita. Mas todas as cidades da região sofreram a influência desse povo. Em todas elas, muitos árabes andavam pelas ruas vendendo pão; outros tinham suas lojas de ouro e pedras preciosas. Com seus tamboretes de madeira à porta da loja, outros ainda vendiam doces, sedas, escudos de couro, berloques, almofadas, elixires de cura e outras magias, colares de ouro com granadas e punhais maravilhosos.

Mas que têm a ver os árabes com a nossa história? É que, segundo a lenda, a Bruxa de Évora era moura; sim, diziam que era árabe ou mourisca. Era morena, não branca como a maioria das portuguesas. Tinha vindo de terras quentes e tinha amigos árabes, mas fora criada na Ibéria; por isso, ela falava bem o árabe e o português, além do latim[13].

A lenda diz ainda que seu pai e sua mãe morreram quando ela tinha sete anos; que uma velha tia a criou e ensinou-lhe as artes mágicas, dando-lhe como talismãs sete moedas de ouro do califa Omar, uma pedra ágata com inscrições em árabe e uma chapa de prata com o nome do Profeta. E a ensinou a trabalhar em olaria: a bruxa fazia suas panelas de barro e seus vasos.

---

[13] Todos os habitantes da Europa falavam um pouco de latim, pois era a língua oficial do Império Romano; mas, com a chegada dos bárbaros na Europa ocidental, entre os anos 500 e 1000, cada região e cada povo começou a evoluir em sentidos diferentes e a procurar meios de falar mais simples.

Dizem alguns que ela era louca por tapetes e, todo dinheiro que ganhava, gastava neles.

A bruxa árabe era chamada de Moura Torta, nome que fazia os portugueses se arrepiarem, fazendo o sinal da cruz; e como moura e bruxa passou à história. Ela usava trapos, mas em seu peito brilhava um amuleto de âmbar, principal artigo do comércio dos árabes na Europa, matéria muito procurada no oriente. Talvez presente de um amor, em sua juventude. Mas, se ela teve amor, ocultou-o bem. Cavaleiro e sua dama não faziam parte de seus sonhos, nem o jovem herói libertando a virgem. Era uma mulher cheia de idéias de quedas e subidas... eterna bruxa encolhida ao lado de sua lareira.

Diz a lenda que ela lia o Corão e escrevia; tinha entre seus pertences um rico tinteiro de cobre cinzelado. Sabia matemática e, olhando o céu, reconhecia as estrelas; sabia ler a sorte nas areias, nas estrelas, e fazer feitiços e curas. Ela conhecia as magias de seus ancestrais muçulmanos; mas, vivendo no século XIII, também sabia a dos celtas, que por muito tempo ocuparam o sul de Portugal.

Infiel, portanto. Adoradora do Cão... Inimiga da Igreja.

Mas a velha bruxa já tinha feito a peregrinação a Santiago de Compostela, onde havia relíquias preciosas. Já tinha ido à Sé de Braga muitas vezes pagar promessas, e vivia bem. Era livre. Colhia flores e ervas, ganhava seu rico dinheirinho, era temida e respeitada. Só tinha medo de ser presa e torturada como adoradora do diabo. Assim, sumia. Diziam que voava na sua vassoura, com seu mocho às costas... coisas do tempo dos reis...

MARAVILHAS NA SÉ DE ÉVORA

O grande centro cultural de Portugal na época era Coimbra, uma encantadora cidade, com um modo de ser ao mesmo tempo romano, bárbaro e mourisco. Encastelada devido ao entornar das águas do rio Mondego, que costumava levar na correnteza tudo que havia nas suas margens, Coimbra tinha paisagens belíssimas. Nas margens do rio, lavadeiras lavavam a roupa, batendo-as umas contra as outras, estendendo-as a secar, espalhando um cheiro bom, de roupas limpas, por toda a cidade.

Nesta época, o rei se apresentava cheio de jóias, com coroa e gorgeira[14] de pedras citrinas[15], anéis nos dedos, garçota[16] no chapéu e roupas de tecidos suntuosos do Oriente. O povo o via, ao rei de Portucália, como a um deus, e em sua vida monótona aceitava tudo, desejando um dia ir para o céu, para o Paraíso, como afirmavam os padres andarilhos que iam de burgo em burgo para louvar a Deus. O povo se alegrava com estes padres do baixo clero, como na época dos torneios, das saturnálias[17] ou das festas da Igreja.

---

[14] Gorgeira = gargantilha.
[15] Citrina = amarela.
[16] Garçota = penacho feito com plumas.
[17] Saturnália = antiga festa romana, precursora do carnaval.

Nas imediações de Coimbra o rei caçava porcos selvagens, com seus súditos mais chegados, todos armados com arcos e flechas. O rei ia com suas vestes de sarja e panos de Ávila[18], protegidas por uma jaqueta de couro, e com uma fita de couro amarrada em seus cabelos compridos. Fogosos ginetes de origem árabe corriam como o vento pelas terras de Coimbra, levando os cavaleiros de nobre estirpe.

Sim, Coimbra era uma bela terra. Mas Évora não... A cidade era um local sagrado desde antes dos tempos em que os romanos dominaram a região. Lá falava-se em visões de outro mundo, sonhava-se em encontrar o Graal, e o espírito da Cruzada, cara tradição do imaginário medieval, era o que mais desejavam os filhos da terra. Procissões de penitentes eram comuns.

A região de Évora tem vestígios de culturas antigas, cheias de magia. Lá existe uma gruta, a Gruta do Escoural, com pinturas, como a de um belo cavalo, que parecem remontar ao paleolítico. Na época megalítica, que os arqueólogos datam de 2300 e 1500 a.C., surgiram em Portugal os primeiros grandes monumentos dessas terras – dólmenes[19], menires[20] e túmulos feitos com grandes pedras.

Junto a Évora há as pedras dos Almendres, famosas e fatídicas. Aí também se conservam os restos de um templo monumental dedicado à deusa Diana dos roma-

---

[18] Pano de Ávila = tecido produzido na província espanhola de Ávila.
[19] Dólmen = monumento formado por uma pedra colocada horizontalmente sobre outras verticais.
[20] Menir = monumento formado por uma pedra vertical isolada.

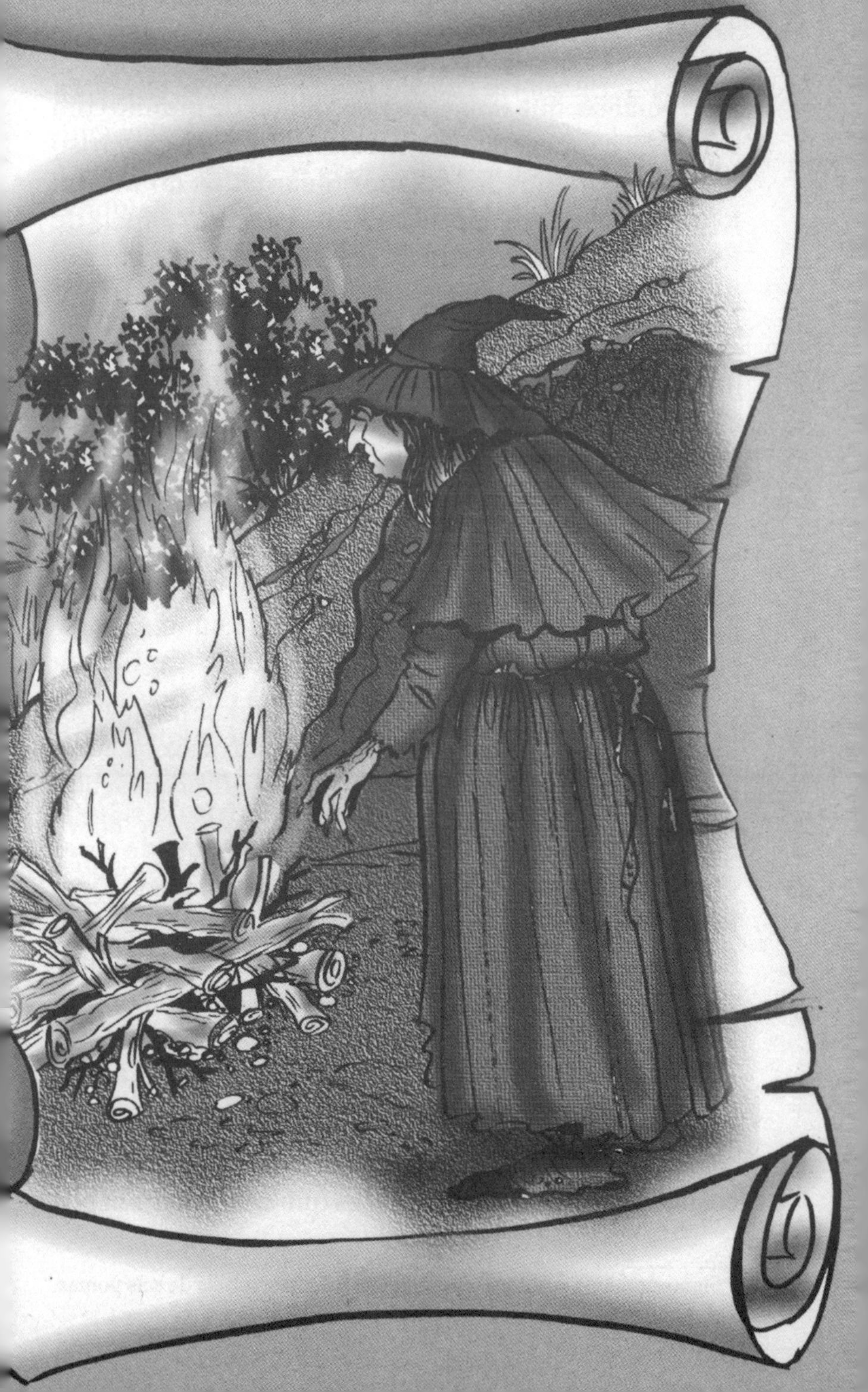

nos, que tinha catorze colunas de granito com soberbos capitéis de mármore rosado, e de cujo friso de granito alguns fragmentos, guardados no Museu Regional de Évora, mostram a rara beleza. A capela de Évora, transformada em Sé em 1186, era bela em seu estilo românico.

De noite (os lusitanos juravam) aparecia um "grillo", parte homem, parte animal, parte vegetal, de duas faces, com a boca nas costas ou sem o tronco... amigo das feiticeiras, por certo, mandado pela Bruxa de Évora, a mais famosa daquelas terrinhas...

Os restos de outras eras eram temidos pelo povo da região: ninguém gostava de ir lá, principalmente à noite; mas a bruxa lá ia, ficava junto à gruta, acendia fogueiras e cantava em língua estranha, enquanto o povo, assustado, se escondia em suas casas, fazendo sinais-da-cruz. Assim contavam os guerreiros, como o valente Rodrigo Sanches, cujo corpo está no mosteiro de Grijó, com seu elmo cilíndrico à cabeça, capelina de malha modelando o crânio e cota de cores vivas, com caneleiras e joelheiras de ferro; como Dom Brites de Gusmão, que está em seu sarcófago em Alcobaça; como tantos outros guerreiros, cujas estátuas, hoje no Museu de Évora, atestam suas roupas e suas valentias. Estolas, faixas de rameados, flores-de-lis, signos-saimões[21] aí estão para quem quiser ver. E a casa da Bruxa, lá em Évora, ainda está também...

A velha bruxa via tudo com seu mocho às costas. Freqüentava procissões que caminhavam por Portu-

---

[21] Signo-saimão = o mesmo que signo de Salomão: estrela de seis pontas.

gal dias seguidos. Ia descalça, em meio à lama; muitas vezes foi expulsa. Ao soar dos sinos, ela surgia à porta da igreja; aí ela rezava e cuidava de santos e relíquias. Escondida junto aos muros do mosteiro, enquanto os pássaros noturnos a espiavam, a bruxa ouvia os sons da biblioteca, escutava os monges falarem em latim e a tudo recolhia com seu mocho no ombro...

 A bruxa ia à capela e rezava junto às estátuas do portal. Quando ela lá estava, somente os mendigos e os leprosos permaneciam; eles soavam seus guizos, saudando a bruxa com dignidade; e ela lhes oferecia ungüentos para seus males, dava-lhes a bênção e recitava fórmulas de cura. A bruxa era respeitada pois, apesar de ser feia, tinha uma dignidade que se impunha; mas quando um grande senhor chegava à Sé de Évora, com um pregoeiro à frente gritando sua chegada, ela corria, pois os poderosos vinham com escolta e exibição de armas, excitando temor e criando inveja. Por isso a bruxa sumia. Doentes diziam que ela voava numa vassoura... outros, que ela apenas corria para longe!

ENCANTARIAS DA BRUXA DE ÉVORA

A bruxaria e os ritos da deusa-mãe estiveram presentes em todas as civilizações, desde sempre. Os babilônios, por exemplo, cultuavam Ishtar, deusa da lua; a ela ofereciam sacrifícios e imploravam a fertilidade. Os egípcios adoravam Ísis e Hathor para que houvesse fertilidade nas margens do Nilo. Deméter foi adorada pelos gregos, e Vênus, pelos romanos. Todas essas deusas tinham um filho, muitas vezes com chifres, meio animal e meio homem, protetor das florestas. Esse deus chifrudo foi a base para a criação da imagem do demônio que surgiu na Idade Média.

No decorrer de quase dois mil anos de migrações, as tribos celtas levaram essa deusa e seu filho para a Europa. Assim, na Idade Média (476 a 1453), as bruxas continuaram essa tradição. Possuíam conhecimento de ervas, talismãs, vidência, curas, e faziam oito festas durante o ano. A mais importante delas era a de Samhain, também conhecida como Halloween, a 31 de outubro, que celebrava as colheitas; havia também a festa da primavera, a primeiro de maio; a da deusa-bruxa das adivinhações, em agosto; e a dos deuses dos bosques, por exemplo.

Essas solenidades eram vistas pelos cristãos como festas diabólicas; mas a Bruxa de Évora não era uma herética. Era uma mulher que conhecia as rezas, os deuses, a grande-mãe e seu filho chifrudo, a adivinhação, as pragas, as invocações, e o modo de fazer uso delas. Apesar de tudo, ela continuava ligada à deusa-mãe e aos ritos que fizeram de suas ancestrais as guardiãs de um conhecimento mágico, propiciador de proveitosa harmonia com os deuses que se manifestam nas forças da natureza.

    Certa vez, ela estava junto à Sé quando chegou um príncipe, ataviado com todos os recursos da arte e do luxo próprios da época: túnica comprida e pregueada, ajustada por cinto; gorra na cabeça, espada de guardões curvos para o punho e lâmina larga; arco e flechas. Vinha acompanhado por uma dama belamente vestida e adornada. Seu cinto era de pedrarias; suas roupas eram de seda, com cota e sobrecota pregueadas e um rico manto de pelaria; os cabelos estavam repartidos ao meio e as tranças caíam à frente; usava sapatos de couro dourado e ponta fina, chamados "osas".

    O príncipe vinha mancando. Estava ferido; tinha lutado contra os turcos com valentia e valor. A bruxa acercou-se dele e passou uma pomada de beladona em sua ferida. Então o príncipe, muito respeitoso, pediu-lhe que lhe fizesse o favor de fazer com que uma dama o amasse; e ela o satisfez, ensinando-lhe um poderoso feitiço. Mas, quando ela acabava de falar, veio um pregador itinerante e a expulsou... chamou-a de bruxa comerciante, vendedora de artes diabólicas... e por isso ela sumiu.

    Os pregadores que iam de cidade em cidade, quando chegavam a Évora, pregavam sempre pela

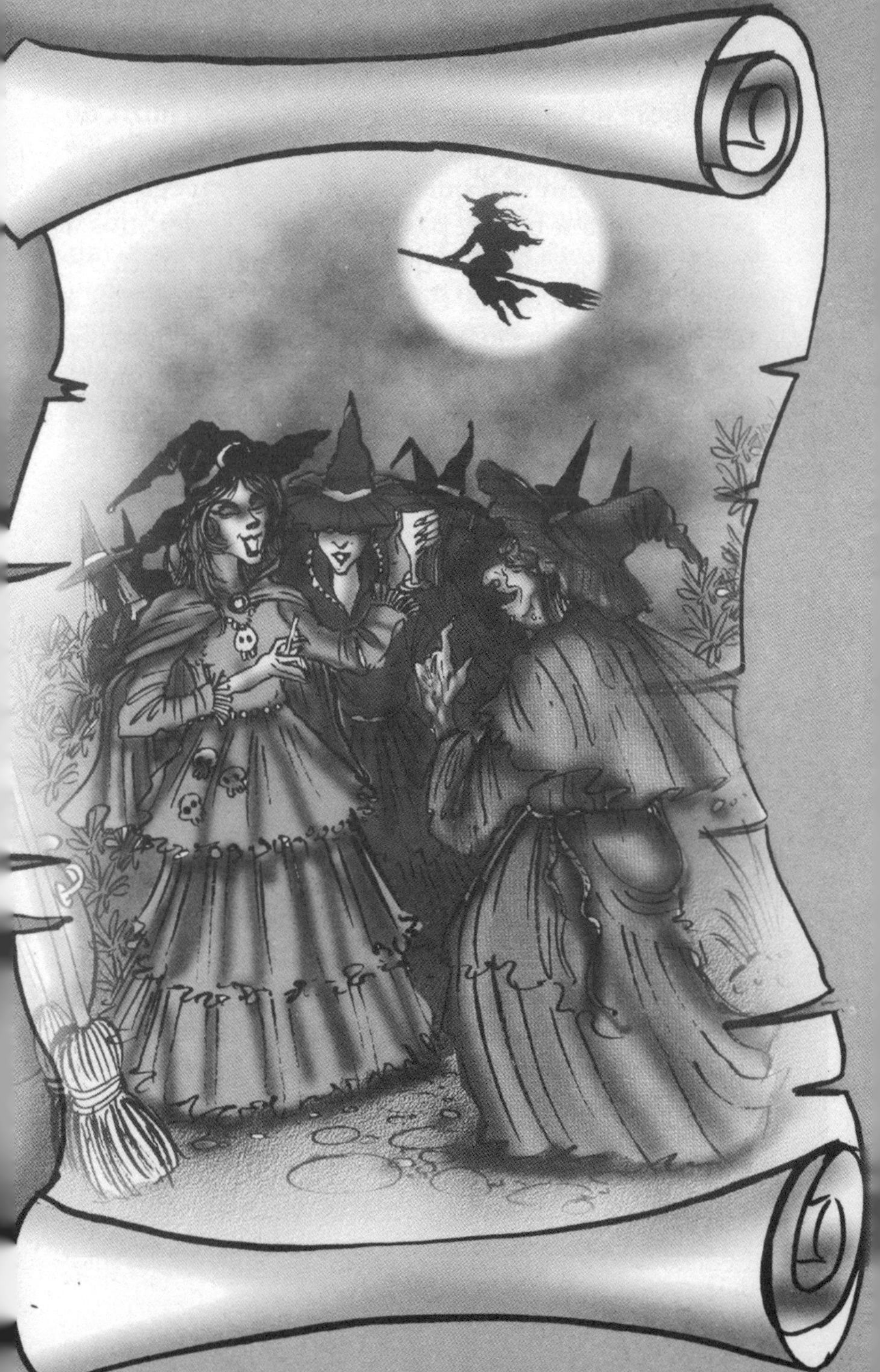

destruição dessa mulher. Falavam do dia do Juízo, do Inferno, da Paixão, e choravam junto com o povo, que os adorava. Um dia, quando um desses pregadores falava contra a bruxa, passaram dois condenados à morte. O pregador disse que, em vez deles, quem deveria ir ali era a bruxa. Continuou seu sermão; mas a feiticeira o ouvira. Quando ele tentou jogar o povo contra ela, no lugar onde ela estivera, só foram encontrados alguns ossos. O povo ficou convencido de que a bruxaria da velha fizera a transformação; muitos subiram nas casas para procurar a bruxa e, não a achando, danificaram tanto os telhados, que o pedreiro que os consertou apresentou uma conta de mais de 60 dias de trabalho; assim contam nas aldeias portuguesas ainda hoje. E falavam que diabinhos pulavam pelos telhados a mando da feiticeira. Emoções, lágrimas e arrebatamento de espírito enchiam o povo: tensa e violenta era a vida na Idade Média... Contam ainda que alguns ouvintes se atiraram ao chão gemendo e chorando. Mas a velha feiticeira sumiu...

Os homens de gorra, pelote[22], saiote e colete andavam por ali e espalharam a multidão. Todos procuraram a bruxa... enquanto isso, ela girava na roda da fortuna, de onde os reis caem com suas coroas e seus cetros, e ouvia a voz de fantasmas de reis coroados. Via o passado, o presente e o futuro nas suas magias... Via beatos imbecis e padrecos lascivos; via anjos negros e pregadores em êxtase.

---

[22] Pelote = camisa larga, usada por baixo da capa ou por cima da armadura.

A Bruxa dançava em cima dos muros das igrejinhas. Foi à rotunda de Tomar e retornou para fazer a volta na fonte das Figueiras, de Santarém, e no chafariz dos Canos, em Torres Vedras. E caiu do céu como um cometa, junto à basílica de São Gião. Também foi vista no Douro, no Minho, em Lamego, em Felgueiras, em Castro de Avelãs, em Cerzedelo, em Coimbra, em Lisboa, em Alcobaça e no Algarve. Foi vista sobrevoando menires e cromeleques[23] do antigo Portugal.

A Bruxa voava montada em cães, lobos, camelos, carneiros, e em vassouras... que me valham a senhora de Ourada, Santo Tirso, São Pedro do Castelo, Santa Meria de Júnias, e os santos da Ordem de São Tiago... Dizem também que ela voava montada num bode, percorrendo Évora – capelas, mosteiros, igrejas e adegas onde o vinho soltava as amarras do sonho. Nas festas onde todos dançavam, ela passeava pelos vilarejos, montada em um bode.

---

[23] Cromeleque = círculo feito com grandes pedras verticais, dispostas em torno de uma pedra central.

MONSTROS E DRAGÕES

O bode sempre foi um animal de feiticeiros, talvez por ser muito sensual. Tem um nome fascinante e alucinante. Sugere pacto com demos, feiticeiras desdentadas, íncubos belos, seres parte homens e parte animais, força de grande magia. A figura do bode pertence a velhas crenças pagãs[24]; aparece nos cultos etruscos, celtas, gregos, romanos. O carro de Thor, o deus do trovão, era puxado por bodes.

O bode da era pagã emprestou sua forma para o diabo que surgiu na Idade Média. Mas afinal, o que é o diabo medieval? Mistura do deus Pã da fertilidade, de faunos e silenos, de Baco e Dionísio, de Príapo, todos cultuados juntos em uma Bizâncio esquizofrênica, onde havia Vitórias aladas e cópias de águias sassânidas. O culto pagão que teimava em existir em Constantinopla espalhou-se pelo mundo através dos comerciantes. Esses deuses antigos tornaram-se inimigos da Igreja e quem os adorasse ia para a fogueira da Inquisição.

Dizem que existe há séculos uma seita secreta de homens que voam velozmente pelos ares, montados em grandes bodes pretos; eles voam durante as noites para matar e roubar. Pelo menos era isso que ocorria na imaginação da gente da Idade Média em Portugal, na Ale-

---

[24] Ver *Rituais Secretos da Magia Negra e do Candomblé*, da mesma autora.

manha, na França. Os processos da Inquisição atestam esses vôos: heresia, bruxaria, sabás. O fenômeno dos montadores de bodes possui dois aspectos, o criminal e o esotérico: os inquisidores diziam que os montadores chamavam-se entre si de companheiros, o que indica que faziam parte de uma seita secreta.

Os portugueses trouxeram essas histórias para o Brasil no tempo da colonização. Ainda hoje esses contos atraem o povo: dizem que os montadores de bodes aparecem em bandos, rindo às gargalhadas, praticando diabruras e descendo para dançar no sabá das feiticeiras. Com o tempo essas lendas adquiriram cores bem folclóricas mas, no tempo em que a Bruxa de Évora viveu, isso era tido seriamente como verdade.

Era no tempo de cavaleiros e armaduras, de diabos soltos nas noites onde o lobisomem uivava e a mula-sem-cabeça roubava padrecos. Era um tempo de espanto. Era um tempo de encantamentos e visagens... tempos rudes... de signos e sinais cabalísticos, como um quadro de Jeronimus Bosch, de códigos alquímicos, de íncubos e súcubos dançando nos quartos de donzelas.

Os bruxos também eram companheiros dos dragões. Mas, que dragões? Diz a lenda que Marduk vivia na Babilônia com um dragão. Na Irlanda contava-se que Conchobar, que tinha um pai divino e outro humano, nasceu durante o solstício de inverno, agarrando com suas mãos dragões recém-nascidos.

Raabe, o grande dragão do mar, governava todos os mares, batia com sua cauda nos navios, engolia gen-

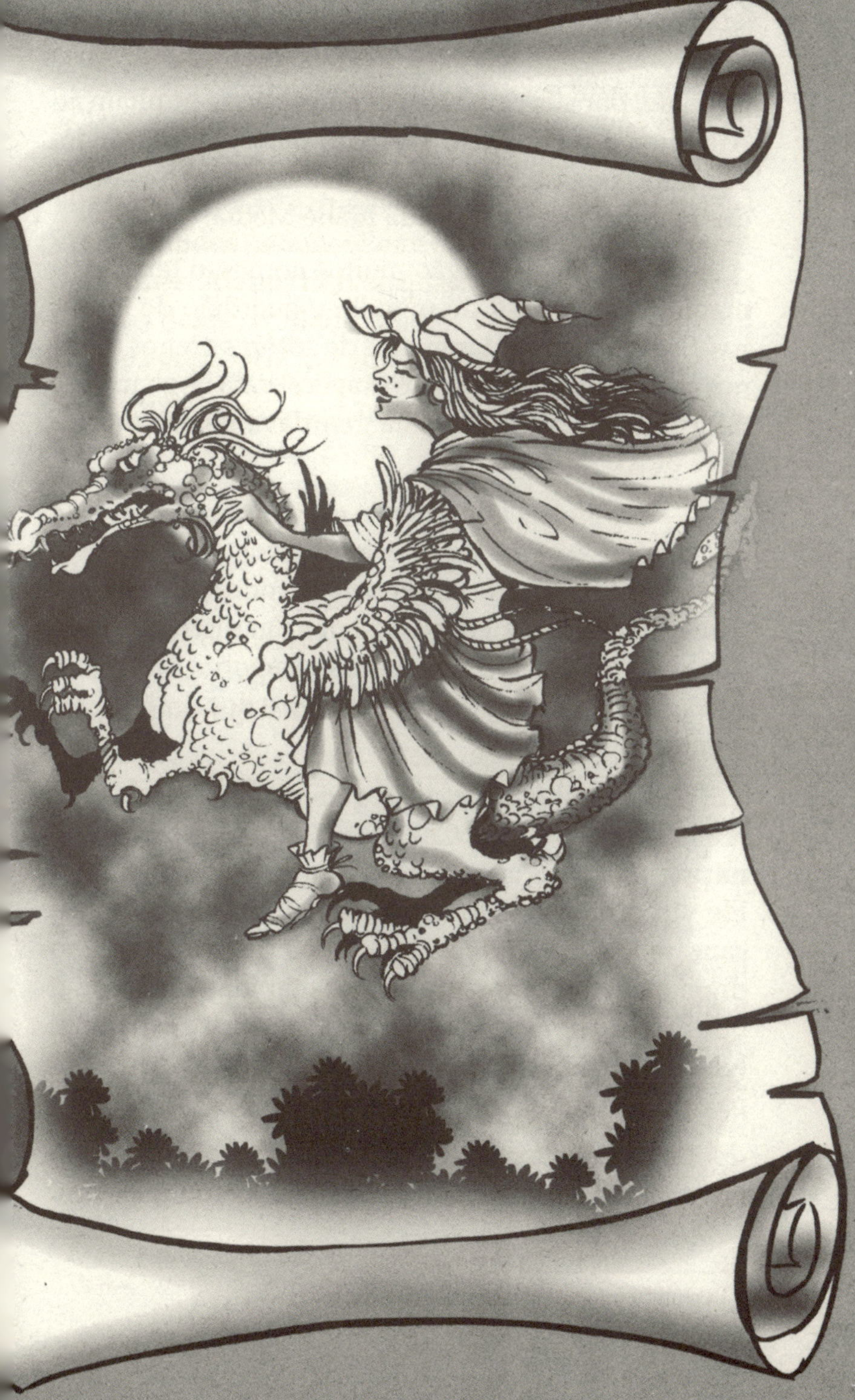

te; por sua causa, navegantes não se punham ao Atlântico e o comércio era feito pelo Mediterrâneo, passando por Veneza, enriquecendo o doge e os odiados comerciantes. Coisas da Idade Média!

Deram ao dragão muitos nomes: o terrível, o magnífico, o senhor do mundo, o guardião de tesouros. Segundo as lendas vindas de autores gregos e latinos clássicos como Plínio, os dragões eram os guardiões de tesouros ocultos. Leviatã guardava gemas preciosas e ouro.

Os árabes adoravam o dragão com o nome de al Hayyah. E os mouros levaram essas crenças para Espanha e Portugal. Em Portugal, todos sabiam que Santa Margarida foi devorada por um dragão malvado. Ela arrebentou o bichão que a engolira fazendo o sinal da cruz, e por isso é a padroeira dos deslumbramentos[25].

Para afastar dragões, geralmente seres do mal, havia a reza de Santo Columba. Santo Columba vivia na província de Pictos, perto da fortaleza do rei Bridei. Ele viu o monstro do mar rosnando pelas fauces escancaradas. O santo fez o sinal da cruz e ordenou ao dragão que se retirasse; e ele o fez rapidamente, como que puxado por cordas. Esse notável feito se espalhou; era contado em Portugal, na Nortúmbria e no mosteiro columbano de Lindisfarme.

Beowulf, grande matador de dragões, liquidou nove monstros; e no mar de Grendel matou mais um.

---

[25] Deslumbramento = visão maravilhosa, milagrosa.

Mas contava-se em Évora que a Bruxa possuía o dom de atrair e amansar dragões. Ela podia ver serpentes fantásticas com cornos andando na planura por ali afora. Lâmias[26] e drakoi[27] voavam ao seu redor. Eles eram de todos os tamanhos e de várias e surpreendentes formas. Alguns tinham quatro olhos. Fafnir, o mais famoso deles na Idade Média, vinha conversar com ela... e ela própria metamorfoseava-se em um dragão esverdeado.

A Bruxa de Évora dizia que, quando os dragões gritam, suas vozes são como o barulho que fazem as bacias de cobre quando são golpeadas. Com a saliva que eles expelem pode-se fazer todo tipo de perfume. Seu alento, ela contava, transforma-se em nuvem e eles utilizam essa nuvem para cobrir seus corpos. Quando chovia violentamente, a Bruxa uivava chamando o dragão; assim contavam em Évora, no tempo do rei. Ela via dragões de perto e tocava em seus chifres... eterna bruxa, rainha das noites sem lua, senhora da escuridão do cosmos, a mulher em seu estado mais sensitivo, unida à grande-mãe do passado esquecido.

Mas não só de bodes e dragões era feito o bestiário da Idade Média. Havia os cinocéfalos, raça de homens com cabeça de cachorro; homens com orelhas como enormes cogumelos; e os pigmeus. E havia os grifos, com garras enormes. Nos tesouros de São Denis, do século XIII, há garras desse animal mitológico, que se acreditava oriundo da Ásia. Conta a lenda que a Bruxa de Évora, guerreira destemida, golpeou um grifo e que

---

[26] Lâmia = demônio feminino da mitologia grega.
[27] Drakoi = plural de *draken*, termo nórdico para dragão.

o matou com uma reza de Santa Tecla, santa feiticeira, assim como São Cipriano e São Martinho Veroux.

Nas festas de aldeia, contava o povo que aparecia o lobisomem, o homem-lobo. Ele era pouco diferente de um lobo normal, a não ser pelo tamanho, um pouco maior que o da espécie selvagem.

Era peludo e feroz, andava ereto sobre duas pernas, rosnava e espumava, e tinha dentes lupinos. Seu aspecto era sujo. De homem só tinha a voz e os olhos. Tinha o corpo coberto de pêlos e as garras de um lobo selvagem. Diziam alguns que a transformação em lobisomem era hereditária: sua doença era transferida de geração a geração. Mas outros diziam que a depravação mental de certos homens fazia com que se transformassem em lobisomens. Neste caso, o efeito era produzido pela magia negra, em rituais terríveis. Eles se untavam com óleos, usavam cintas e peles de animais, bebiam poções diabólicas e prestavam culto ao diabo. Muitos contavam que, quando eles eram homens, seus pêlos cresciam para dentro e, quando se transformavam em lobo, eles apenas viravam do avesso. Um outro método de virar lobisomem era conseguir uma cinta feita de pele de um homem enforcado. Tal cinta era fixada com uma fivela com cinco lingüetas. Quando a fivela se abria, o encanto era cortado.

O lobisomem que aparecia na Sé de Braga e fazia companhia à Bruxa de Évora tinha sobrancelhas que se encontravam na curva do nariz e longas unhas com o formato de amêndoas, ambas de tom vermelho-sangue, e seu terceiro dedo era muito longo. As orelhas eram muito baixas e apontadas para a parte de trás da cabeça. Suas mãos e seus pés eram peludos. Corria pelos cemitérios, pelos adros das igrejas, pelas florestas e uivava.

Figura comum na Idade Média, esse ser fantástico acompanhava bruxas e feiticeiras, que não lhe faziam mal. Além dele, havia uma mulher-pássaro que voava com asas negras tão imensas, que todos chegavam a ouvir o seu bater. Palhaços, lobisomens, mulher-pássaro, moura torta dançavam juntos no sabá...

O LIVRO NEGRO DAS BRUXAS

Nas cortes de Évora, onde as pessoas se enfeitavam com toucas, lobas[28] e capuzes de panos finos, que escondiam muito o rosto, havia muita gente que praticava a bruxaria; por isso, anos mais tarde essas toucas foram proibidas. Entre as mulheres mundanas, vestidas com panos de varas e mantos de burato[29], a feitiçaria imperava. Mesmo entre os guerreiros com suas couraças de lâminas de ferro postas sob cotas de malha até a coxa a feitiçaria era praticada antes das batalhas. Iam se benzer na igreja e na bruxa... entre as vendedeiras de frutas nas praças das cidades, as rezas eram passadas umas às outras.

A tradição nos conta que toda bruxa possuía um livro que ela guardava com muito cuidado e que continha seus ritos, suas rezas, suas obrigações, seus poderes e o que tinha sido revelado a ela pelo próprio demônio. Dizem que a Bruxa de Évora deixou o livro preto que, segundo a lenda, está agora oculto junto ao Tejo, perto de Alfama, numa casa turca. Cópias se fizeram dele e uma foi achada em um mosteiro português.

Muitos autores chamam a esse livro "O livro negro do satanismo". Nele vemos que os apetrechos das

---

[28] Loba = beca semelhante à batina.
[29] Burato = pano inglês escarlate.

bruxas eram: o altar, o giz, o círculo mágico, os frascos, as vasilhas, a bacia, a colher, o cutelo, o punhal, a espada, o azorrague, a vara de cedro, o cálice, o fogareiro, o braseiro, o perfumador, a lanterna, o bastão, os instrumentos musicais, a concha, o espelho, a bengala, a pedra, os chifres, o pentagrama e o crânio.

O caldeirão mágico era o instrumento mais importante de todos. Desde os tempos mais remotos, as misturas e composições da bruxaria são feitas em caldeirões de ferro semi-esféricos, que se põem sobre o fogo com plantas e ervas mágicas, entre as quais a Bruxa de Évora usava a verbena.

Ela usava também o emplastro de celidônia, que colocava sobre a cabeça de um enfermo para evitar sua morte. Quando chovia e a fogueira se apagava, a Bruxa praticava a ceraunoscopia, que é a adivinhação por meio dos raios e dos trovões; outras vezes praticava a cleromancia, adivinhação com dados. Ela também cruzava seus adeptos com calundrônio, pedra mágica que, segundo a tradição, defende as pessoas do mau-olhado.

Havia muitos demônios catalogados no livro das bruxas. Os principais eram Abalan, príncipe dos infernos; Abigor, demônio de hierarquia superior; Abrahel, súcubo; Asmodeu, um dos chefes; Adramelech, grande chanceler do inferno; Alastor, muito severo; Alocer, grão-duque; Amon, poderoso; Bel, muito usado nas bruxarias; Behemot, importante; Bifrous, da matemática; Bune, dragão de três cabeças; Caym, de categoria superior; Eurinome, de categoria elevada; Furfur, conde; Gusoyn, de grande poder; Hécate, deusa infernal;

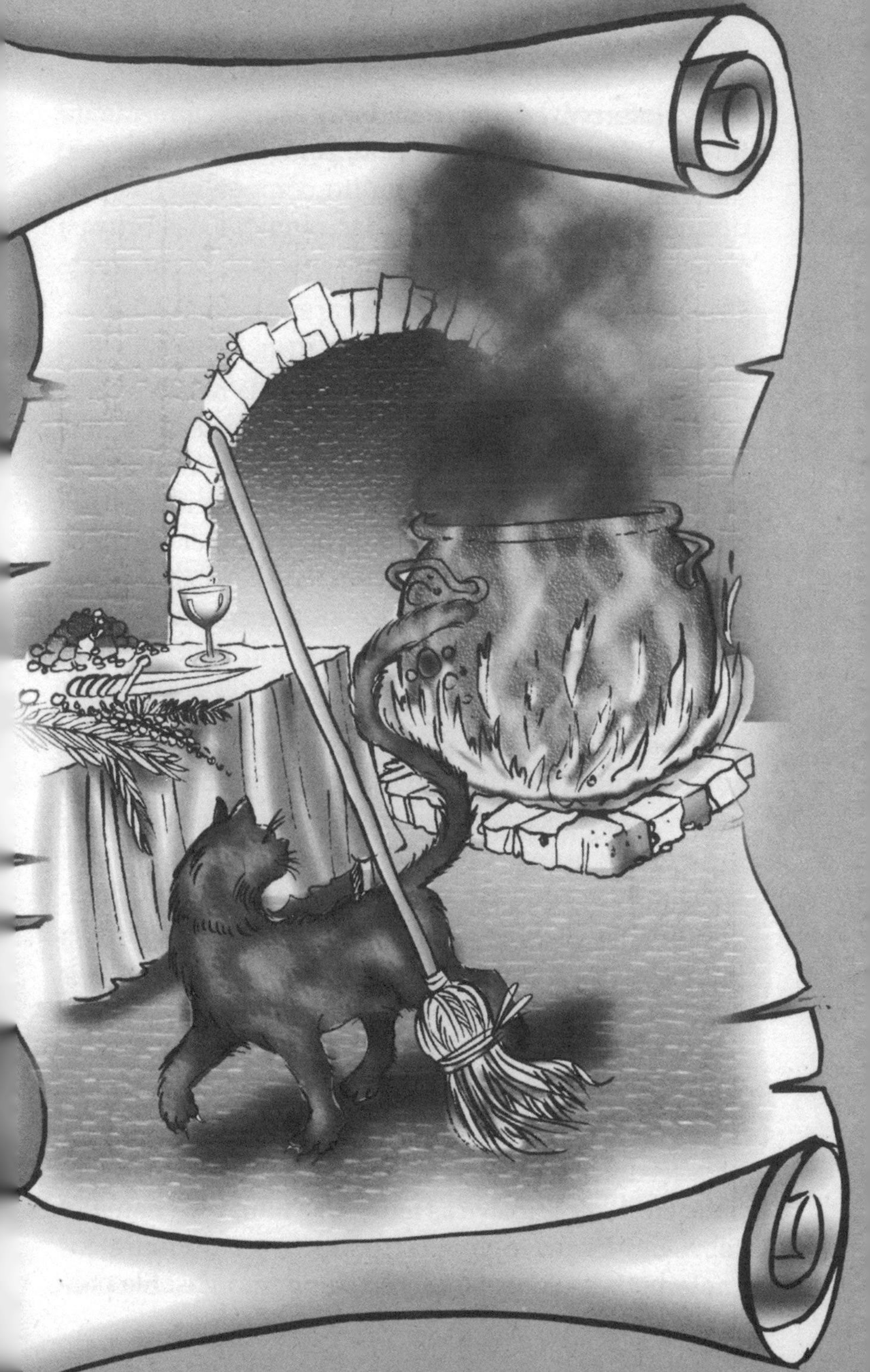

Lúcifer, o maioral; Marbas, presidente infernal; Rowe, conde infernal; Satã, rei dos infernos; Thamur, do fogo; Uphir, muito competente; Vepar, duque infernal; Verdelet, o das reuniões das bruxas; Volac, presidente; Zaebos, conde infernal; Zepar, guerreiro imponente.

Entre os muitos demônios que tentam os homens, os do sexo sempre foram os mais temidos. Eles eram chamados de íncubos, os que tentavam as mulheres, e súcubos, os que faziam o mesmo com os homens. Na época medieval, era comum a crença de que o diabo tomava a forma de uma bela mulher para tentar um santo, como ocorreu com Santo Antão. Até em sonhos os íncubos apareciam, e os transformavam em erotismo maravilhoso.

Na Idade Média européia, os demonólogos cristãos concordavam que uma sexualidade desenfreada constituía um dos mais certeiros caminhos para o inferno. Acreditavam que íncubos e súcubos assumiam a forma humana para lograr seus intentos perversos. E transformavam-se em belos jovens, nus e lascivos, que iam à noite na cama das donzelas; ou se disfarçavam na esposa ou no namorado de alguém e faziam amor a noite inteira. Durante o dia sumiam, pois não gostam do sol. Freiras medievais eram as mais atacadas por esses belos diabinhos.

Na época das grandes perseguições às bruxas, os sacerdotes acreditavam que elas tinham relação com Satã: ele é que iniciava as feiticeiras num rito chamado sabá. Em Évora, o povo acreditava que a moura encantada tinha controle sobre esses demônios. Ela possuía um receituário para livrar as pessoas das tentações do erotismo; mas, se esse método falhasse, a Igreja tinha um mais eficaz: a tortura.

Os gatos também eram acusados de demônios. O gato era considerado um animal mágico, parente da lua, pois o gato surge para a vida à noite, perambulando pelos telhados, com seus olhos brilhantes na escuridão. Da magia de seus olhos é que surgiram as crenças nos seus poderes sobrenaturais. No Oriente acreditava-se que os gatos transportavam as almas dos mortos; ou que um humano podia tornar-se um gato, através do feitiço de uma bruxa. Encarnação do diabo, o gato era um grande amigo das bruxas.

A Bruxa de Évora tinha um gato preto, chamado Lusbel. Era belíssimo, dengoso e lascivo. Não corria atrás do mocho que sempre a acompanhava. Certa feita, quase mandaram queimar viva a Bruxa, sob a acusação de que ela penetrara na casa do Reverendo em forma de gato preto. Ela sumiu voando em uma vassoura e levou seu gato, pois queriam assá-lo vivo para afastar os maus espíritos. Na noite seguinte, ele foi visto num telhado tocando rabeca e espirrando: era sinal de chuva. E choveu toda a noite em Évora. Os homens com suas túnicas talares, seus mantos presos ao ombro, suas gorras à cabeça, testemunharam esse fato. Os monges beneditinos de hábito com cogula, mantos e luvas, juraram que o gato tocava rabeca e gargalhava. Um homem com um barrete comprido e flácido, cinturão de couro e jóias visigóticas, disse ter visto o gato na Sé de Évora, junto ao campanário...

A ação maligna do demônio contra os justos não cessa, diziam os portugueses, enquanto viravam canecas de vinho de barril. As damas, com largos mantos de brocado presos por firmais de pedras preciosas e com grandes rosários de contas à cintura, diziam: "O diabo tem muitos nomes, Satã ou Lúcifer, e aqui em Évora ele tem uma amiga, a bruxa que voa montada nos bodes e nas vassouras. Para ele, ela canta e dança e faz orgias. Faz feitiços e até seu gato é seu amante, é um diabinho do sexo."

VISÕES E FANTASMAGORIAS EM TEMPOS DE FESTA

No livro negro da bruxa há passagens em que ela conta sobre o ritual das festas mágicas e populares. Muitas coisas desse livro foram retiradas, e outras foram acrescentadas; por isso, não sabemos se suas informações estão corretas. Amon, por exemplo, era o nome de um deus egípcio e aparece aqui como demônio; Baalzebul, famoso deus da Suméria, virou Belzebu. Assim, muita coisa está ainda oculta nesta área. Mas as descrições de algumas cerimônias são exatas, como a do sabá, a reunião de feiticeiros e adeptos.

Era costume em Portugal as feiticeiras, seus descendentes e amigos reunirem-se nas vésperas dos dias de São Jorge, Natal e São Cipriano, nas encruzilhadas dos prados. Iam cozinhar poções mágicas. Esses encontros tiveram sua origem nas festas realizadas pelos pré-cristãos. O cristianismo declarou esses atos como coisa diabólica, mas os ritos continuaram. As mulheres sábias carregavam ramos e adornavam os animais com grinaldas em honra do deus com chifres, rei da natureza. Os chifres do gado eram adornados com guirlandas de flores para que os animais dessem cria. Muitas vezes faziam um bolo gostoso, para todos comerem juntos. Na massa do bolo se colocava uma moeda; quem a encontrasse, ficaria rico rapidamente.

Nas noites de lua, a fumaça das fogueiras enchia o ar de fantasmagorias e todos dançavam. A mandrágora, planta mágica, era usada em pomadas que untavam o corpo dos adeptos, junto com outras ervas como alecrim e azevinho. Todos tomavam do vinho de ervas que era distribuído em abundância. A bruxa vestia uma pele de carneiro sobre a imagem de madeira do deus Pã; depois ela o saudava como deus da vida e da fertilidade. Nesta hora comia-se o bolo de nozes das feiticeiras e as mulheres-sábias eram louvadas. Os camponeses se esqueciam de seus trabalhos e se alegravam; e muitas vezes eles se amavam na relva em meio ao canto fantástico, enquanto as feiticeiras realizavam seus encantamentos.

A festa era alegre e aquele povo, em geral melancólico, se divertia. A tristeza constante se consumia e a gente de lá se esquecia do sofrimento e da miséria. A bruxa era assim, muitas vezes, um bem para o povo, um sacerdote pobre igual ao povo, popular entre as mães e os servos, entre os que conduziam o gado do senhor da terra; para ela a gente pobre cantava baladas com seus instrumentos simples. Junto ao padre, muitas vezes eles receavam a felicidade, pois poderia levá-los ao inferno; com as bruxas não, a alegria era um dom dos deuses antigos, e bolo e vinho eram bons e traziam felicidade.

Uma grande festa popular era o entrudo, o nosso carnaval. No seu tempo, o povo se empanturrava de galinha e de carneiro, de filhós com açúcar e de sonhos com creme. E saía à rua dando umbigadas pelas esquinas e jogando água uns nos outros com seringas de clisteres, e colocando rabos com alfinetes nas costas dos distraídos.

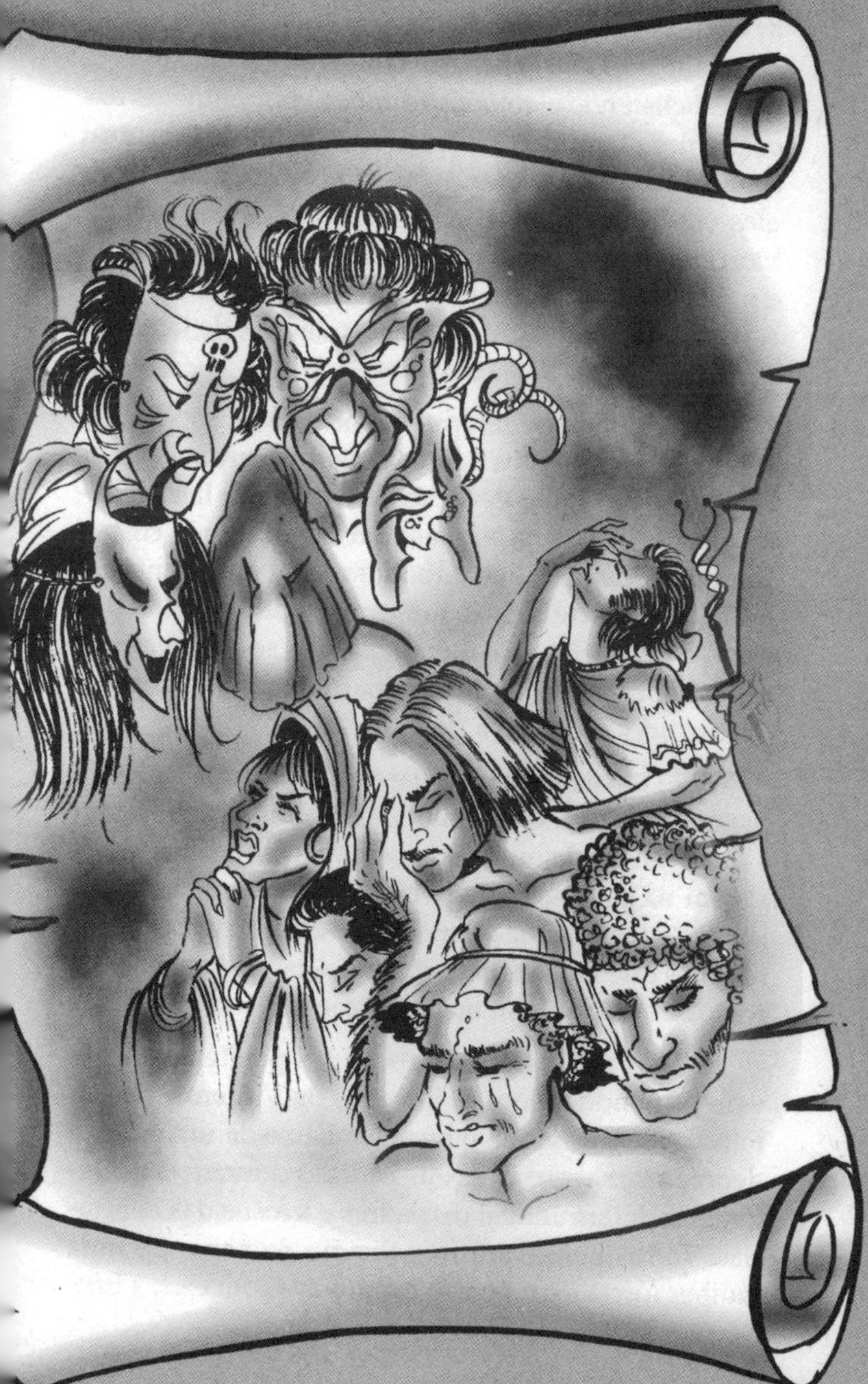

Outros, fantasiados de Morte ou de Rei, andavam com résteas de cebolas, dando com elas em quem passava. Uns tocavam gaitas, batucavam em panelas, riam muito. Era o tempo de entrudo e o diabo andava solto pelas ruas de Portugal. A cidade de Évora ficava imunda, cheia de lixo, de lama, de gente dormindo pelas ladeiras.

É bom esse tempo, quando todos são iguais, reis, príncipes, servos da gleba, padres, bruxos; todos são iguais no tempo de Momo, soberano da farra. Nesses dias a Bruxa saía às ruas com seu mocho às costas, a cantar e louvar o entrudo. Caras pintadas, gente coberta de peles de bichos, máscaras, vestidos de rei dos tolos, de esqueleto, de mendigos, eles se acabavam de cantar e pregar peças uns nos outros. A Bruxa gostava do entrudo. E dançava pelas ruelas.

Depois vinha a Quaresma e o povo tinha de pagar pelos excessos cometidos. Todos mortificavam a carne, faziam jejum, fustigavam-se com açoites e choravam na procissão de penitência. As mulheres, nas janelas, viam passar a procissão e choravam pelos penitentes que iam à frente, jogando-lhes fitinhas de cores, que eles punham nos seus gorros.

Os padres, logo depois dos penitentes, levavam os pendões com as imagens da Virgem e de seu Filho. A seguir vinha o bispo embaixo de um pálio; e depois as imagens nos seus andores dourados, e o regimento interminável de padres e irmãos das confrarias. Todos pensavam na salvação da alma. Só uma mulher torcia a cara e não caminhava com eles: a Bruxa de Évora. Ela a tudo via sem dar um pio, e devagar caminhava para os cantos escuros de Évora, onde fazia os ritos usados pelas feiticeiras no tempo de Quaresma, para tirar mazelas, mau-olhado e inveja.

BRUXARIA ENTRE ALEGRIA E MORTE

Um festejo popular de grande agrado de todos, bruxos, magos, cortesãos, pescadores, pastores, comerciantes, prostitutas, mulheres santas, crianças e velhos, cavaleiros das armas e pintores, era a comédia. Ela nasceu nos vilarejos dos camponeses. Quando a noite de inverno rugia tempestuosa e a chuva sussurrava nas árvores, os aldeões tremiam de medo, junto com todo Portugal. Aí os pobres, fracos e humilhados se seguravam na fé dos deuses antigos e riam, riam como os bobos da corte.

Sim, como os bobos, os truões, bufões e tolos, alegria das cortes e do populacho, com seus guizos, seus chapéus de bicos coloridos, seu cantar imperava, debochava. O truão foi uma entidade misteriosa da Idade Média (guardado ainda na carta zero do tarô), amigo de príncipes, reis e damas da corte, e também amigo de bruxos e feiticeiros que os protegiam às ocultas. Em muitas festas de feiticeiras, quando enxofre, salitre e incenso se elevavam no ar, lá estava o rei dos tolos, torrente de riso, gargalhadas soltas como a das bruxas e seus amantes sarracenos.

A comédia era uma celebração jocosa após uma comilança, festa ou casamento. Nela não havia mortes, como na tragédia grega; ela não falava de homens famosos, santos ou heróis; atingia o efeito do ridículo mostrando homens comuns, como os camponeses. Seus personagens eram seres vis e ridículos, tolos, imperfeitos, feios, sensuais, mas nunca malvados.

A comédia era uma festa, feita em palcos mambembes de panos coloridos, onde o camponês ria seu folguedo. Ficava sempre na feira. E, muitas vezes, nessas feiras com comediantes, elegia-se o "rei dos tolos", um camponês bem feio e ridículo que era coroado e acompanhado em cortejo pelo povo.

Os cântaros de vinho desciam pelas bocas. E a liturgia do asno e do porco era representada pelos comediantes. Caras pintadas, trapos coloridos, eles representavam a comédia popular. A Igreja suportava essas festas, pois acalmavam o povo. O riso era geral. E nessa hora o aldeão perdia o medo do diabo e das bruxas. O diabo era muitas vezes personagem das comédias. Pobre diabo bobo! Não era o diabo apresentado nas igrejas: era um folgazão, um palhaço de carnaval. Sonhava-se então com abundância, com o país da Cocanha, onde tudo era ouro.

Os simples farreavam, bebiam e cantavam; e lá estava a Bruxa, festiva, com seu mocho às costas. A velha Bruxa ria, desdentada, riso solto como o vento nas pedras de Lisboa, e bebia vinho e comia pão doce. O mesmo pão doce e o vinho com que os camponeses faziam magias nesses dias de muito riso.

O folguedo dos camponeses era grande. A feira era uma gritaria alegre e colorida que descarregava os humores. Jovens monges passavam rindo, dizendo juntos poemas jocosos, sentindo-se livres também. Era tempo de alegria. As trevas se dissipavam...

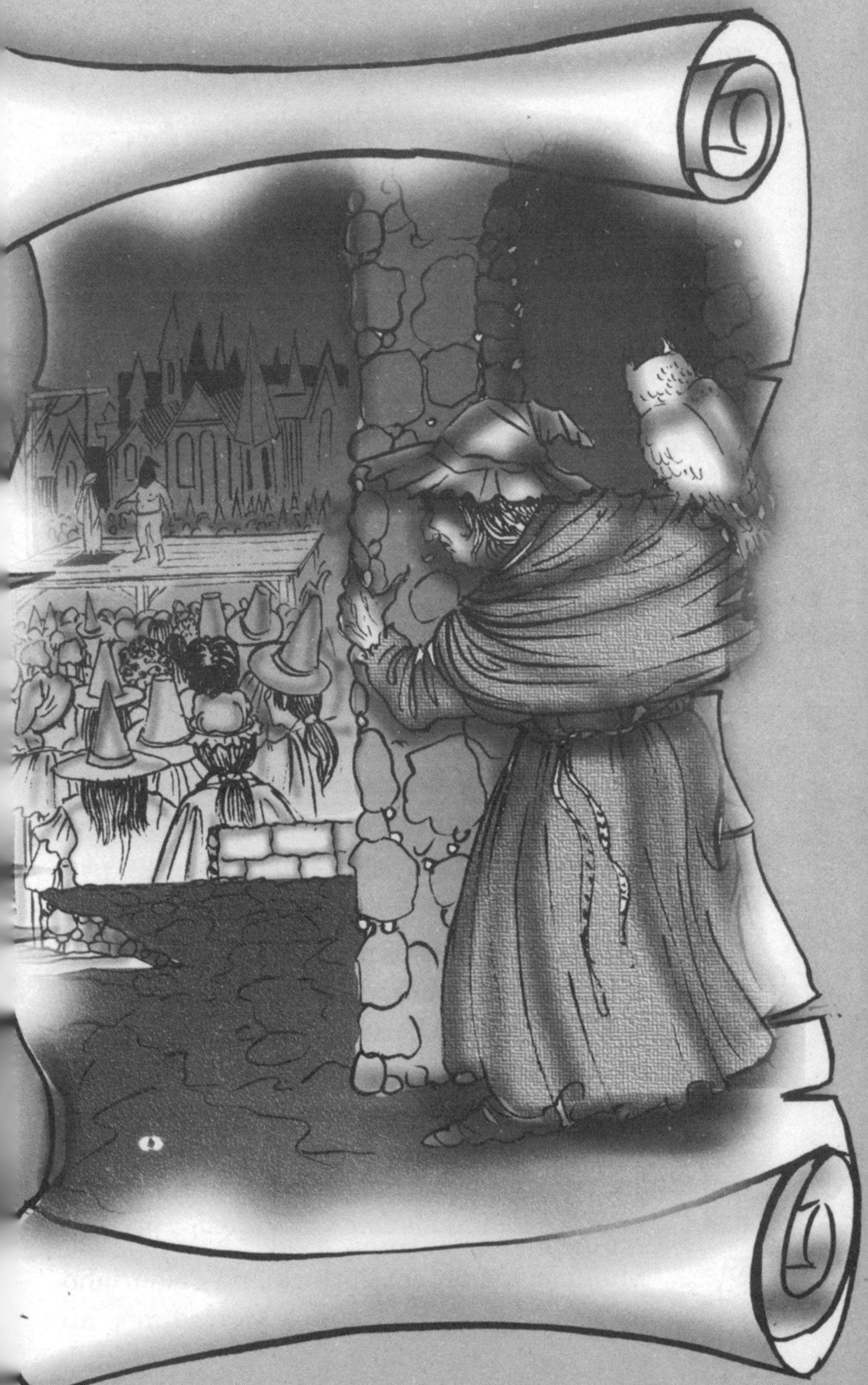

Mas as trevas voltavam nos dias de execução. À sombra dos conventos vivia o povo; e, na hora da execução, o povo sentia mais e mais o terror da época em que vivia. A vida era então tão violenta e tão estranha que misturava o cheiro de sangue com o das rosas. Os homens de então oscilavam sempre entre o medo do inferno e o do céu, e eram cruéis e temiam as delícias do mundo. Entre o ódio e a bondade, indo sempre de um extremo a outro, assim era a Idade Média.

Nesses dias, o povo gritava furioso nomes aos condenados. Guinchavam as mulheres. Jogavam coisas debruçadas dos peitoris. As piedosas senhoras faziam bordados enquanto esperavam as execuções. El Rei as ordenava; os padres também. Os ladrões que se cuidassem, e os bruxos também...

Benzia-se a cruz no primeiro dia, enorme pau com quatro metros de altura, que daria para um gigante. E diante dela se prosternavam todos os presentes. Derramavam-se lágrimas. E ao lado se armava o local da forca. Alta, traiçoeira.

Vinham na frente os padres, com uma procissão atrás. E o acusado, ladrão, feiticeiro, judeu, herege, ou caído na má fama de ser homossexual ou sádico, ia com chapéu de bruxo, humilhado, em meio à confusão. Ia açoitado, com garrote, sufocado em meio às gentes. O povaréu gritava. Vinha o encapuzado matador. O povo urrava e o algoz executava o condenado.

Muito se matou em Portugal, no Pelourinho Velho, em São Miguel, na rua dos Mercadores, no mosteiro da cotovia. E o povo muito chorou e muito riu. A Bruxa de Évora nunca era vista claramente nessas horas, só sua sombra suspeita era vista por alguns videntes, curadores, e diziam que muitas vezes era vista comendo sardinha e arroz atrás de uma muralha, vendo de longe o que acontecia.

Havia diversos bruxedos que se faziam nos dias de enforcamento ou de castigo de condenados. Nessas horas, a Bruxa corria para sua casa. Sentava-se no mocho, acendia o lume na lareira, punha a trempe e uma panela sobre ela, fazia sopa. E quando ela fervia, deitava uma parte no chão, para os espíritos, e uma para ela. Depois de comer fazia uma segurança, para não ser pega e levada ao calabouço. Fazia uma pasta com gordura de galinha, aranhas, lesmas, e passava no corpo, dizendo: " – O tordo e a garriça são o galo e a galinha de Nosso Senhor."

Poções e ungüentos como esse não são usados na moderna feitiçaria; são relíquias da feitiçaria primitiva, fundada na dor, no terror e no repulsivo. A caveira de um cavalo colocada à porta da entrada afastava os fantasmas... galinhas pretas a serviço dos feiticeiros... antiga feitiçaria. Faz parte de nosso inconsciente coletivo, e surge em todas as eras, mesmo na nossa...

A hora de todas as bruxarias era a noite. Mas a noite de então começava muito mais cedo que a nossa. A gente e os frades acordavam entre duas e meia e três horas da madrugada; para o monges, eram as Matinas, quando começavam a trabalhar. Entre cinco e seis horas da manhã eles comiam; eram as Laudes para os mosteiros. Pouco antes da aurora, às sete e meia, eles paravam para rezar; nos conventos tocava-se a Primeira. A Terceira era às nove horas da manhã; e iam dormir em torno de seis ou sete horas: eram as Completas. Era a hora de bicho solto, das burrinhas-de-padre, dos assombrados, dos súcubos e íncubos, das damas brancas, alminhas e capetas. O povo tremia de frio e de medo. Uns viam macacos de chifres, seres com cabeça e pés de pato, sereias voadoras, corcundas, humanos com cabeça eqüina.

Com a noite vinham os seres maléficos. Ferreiros, seleiros, pedintes, vendedores de ervas, todos enfim se escondiam em casa à noite, pois a noite não era para a gente, e sim para as mulas-sem-cabeça (amantes de padres), os lobisomens e as almas penadas. Ou então para o conciliábulo dos feiticeiros, gente que tinha a marca no corpo e o diabo na pele, gente do Cão, que precisava ficar dependurada em uma boa forca, esperando os luzeiros do sol da manhã nessa posição inferior, à espera de que a levasse e muitas vezes lhe cortasse a mão... Na claridade do amanhecer muitos assim estavam. Mas a Bruxa de Évora nunca assim esteve... Os que a viam, ao deitar rezavam:

> *"Com Deus me deito*
> *Com Deus me levanto*
> *Na graça de Deus,*
> *De el-Rei*
> *E do Espírito Santo."*

Era nessa hora que a Bruxa fazia suas poções de cura. Por isso era procurada, médica dos pobres. E com suas artes mágicas lia a sorte e previa novidades. Mentiras, diziam uns; verdades, afirmavam outros.

Montada numa mula ela ia pelas ruas escuras. Porcos dormiam pelas ruas. Boas noites, mula-sem-cabeça, boas noites, bodes pretos... e lá ia a bruxa velha passeando à noite nas ruas da cidade.

À luz do lume, a Bruxa fazia sua rezas. E se persignava. Lá fora o vento uivava. O lume estalava: era a casa da Bruxa emitindo seus ruídos. Velha casa assombrada...

TRAVESSURAS E FEITIÇOS DA BRUXA DE ÉVORA NO BRASIL

O Mundo é Vasto, e o Diabo vai na Proa do Navio

Certamente, a Bruxa de Évora é uma figura lendária; mas seu mito é tão forte no inconsciente do povo português, que, quando os navegadores lusitanos começaram a abrir caminho pelo oceano, a trouxeram junto com o medo dos monstros marinhos e a crença no lobisomem, na moura torta e em São Barandão (que diziam ter descoberto novas terras a ocidente). E ela, a Bruxa, passou à História.

Quando veio para o Brasil, a Bruxa de Évora não surgiu montada num dragão, nem numa tosca vassoura. Ela veio, como alma penada, vista pelos marujos da armada portuguesa, nas noites de tempestade. Veio nos baús de madeira, nas conversas, no jogo de dados da marujada, nas histórias do capelão. E por aqui ficou...

Quando as últimas naus saíram de Portugal, alguns juraram ver a velha em seu bode alado, toda branca, pois agora era uma alminha, dançando no ar... era no tempo do rei D. Manuel, o Venturoso. Era no tempo das encantarias. Almas sem rumo vagavam pelos céus. O diabo tinha vindo na proa do navio, mesmo com a bandeira da cruz...

Quando os portugueses chegaram ao Brasil, envolveram-se com os índios e com eles aprenderam sua magia e suas lendas. Conheceram a história do pio da Matinta-pereira, ave agourenta dos nossos índios, que trazia notícias ruins. Para os portugueses, esses pios e esses vôos em volta das cabanas lembravam o vôo das bruxas de suas terras. E a ave Matinta-pereira tornou-se a bruxa da noite, que andava rondando os casebres.

Assim os mitos foram-se fundindo. No dia da Páscoa de 1503, quando alguns dos marinheiros da expedição de Afonso de Albuquerque rezavam, os pios da Matinta-pereira acordaram os que estavam dormindo. Todos tremeram de medo e juraram que era a alma penada da Bruxa de Évora que os andava assustando em Lisboa, que tinha vindo para o Brasil assustá-los novamente.

Roiz, marinheiro e contramestre de uma nau portuguesa dos tempos do descobrimento, assim contou: "Quando parti da cidade de Lisboa para o Brasil era noite negra. Vi presságios. Digo ao senhor! Vi serpentes no mar tenebroso, mas vinha em busca do pau-brasil e fiquei firme. No Brasil me deitei com uma índia mui bela, mas a mãe dela aparecia de Matinta e assobiava à noite. Era a Bruxa de Évora que, não contente em nos atacar lá nas nossas santas terras, vinha aqui que é terra de Caipora."

Pedrim, criado do capitão desse navio, assim repetiu: "A Matinta e a Évora andam juntas voando nos ares, nas noites, querendo a nossa morte."

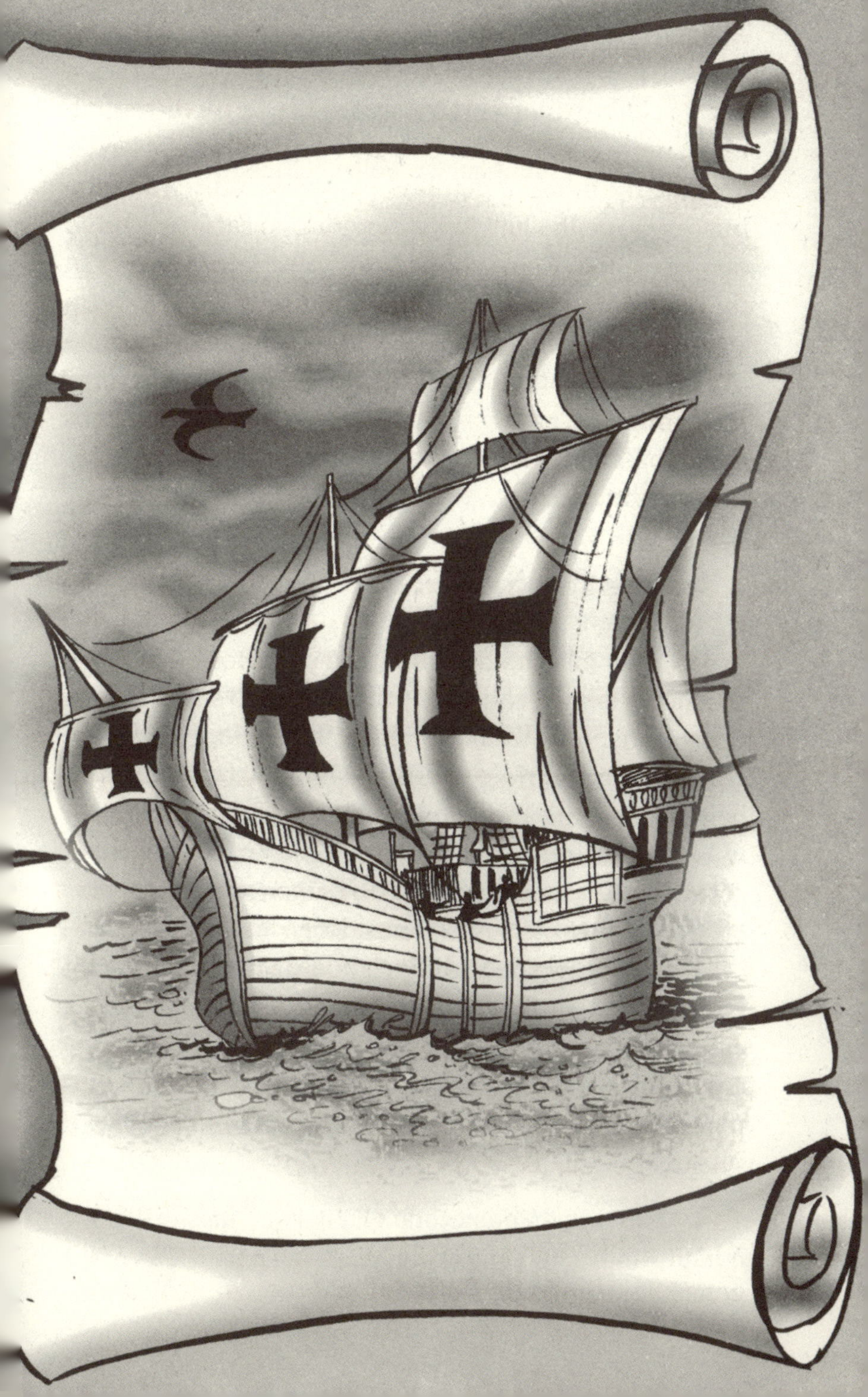

A Matinta-pereira, agora bruxa medieval, vinha à noite e assobiava. Só parava quando lhe ofereciam café ou fumo. E de manhã a velha feiticeira vinha buscar o que lhe haviam prometido, o café ou o fumo de rolo. Quando ela morria, sua filha herdava o dom de matinta ou bruxa. Assim, a feiticeira de Évora foi surgir séculos depois de morta, nas aldeias da costa brasileira, envolta nas lendas da matinta, ave de bruxos, amiga de pajés escondidos nos matos, uma entidade maléfica que, invocada, vinha fazer estrepolias no negrume da mata virgem.

A Bruxa de Évora no Catimbó

Da mistura das crenças e dos ritos de índios e colonos nasceu o catimbó, primeiro culto sincrético do nosso país. O catimbó é feitiço, bruxedo, coisa-feita, com seu receituário, seu espiritismo, seus conselhos de bem-viver, seus amuletos e dietas para afastar fantasmas e mulas-sem-cabeça. Segundo Câmara Cascudo, está cada vez mais próximo do baixo espiritismo, embora inicialmente fosse centrado na medicina herbácea e na feitiçaria de São Cipriano e da Bruxa de Évora. No catimbó não há filhas-de-santo, nem roupas especiais, nem comidas votivas, nem decoração. O chefe, o curandeiro é quem comanda tudo. A liturgia é simples; o mestre defuma o ambiente e os assistentes, e recebe seu guia.

Nesse culto começaram a "baixar" mestre Xaramundi, Pinavuçu, Anabar, mestra Faustina, indígenas, feiticeiros de Portugal; até turcos "acostam"... lembrança do medo dos nossos colonizadores dos infiéis maometanos... coisas da terrinha.

  Pajelança e missa, bruxaria européia e remédio de pajé, este era logicamente um bom lugar para Cipriano de Antióquia e a mestra de Évora. E quem aparece lá? A nossa bruxinha de Évora, enrolada em seus panos velhos, alminha acostando nos médiuns. Não trazia canto (linho), mas sim uma reza forte. Sim, lá baixou (ou "acostou", como dizem) a bruxa de Portugal. E deu receitas, remédios, fórmulas ancestrais de magia, fez casórios e aparou meninos. Parteira, boa cartomante, ela continuou seu trabalho – assim o crêem...

  E por que não viria, se vêm Zé de Lacerda, Rei Turco, Carlos Magno, Dom Luís Rei de França, Padre Cícero, junto com Exu Malunguinho, Xapanã, Dona Janaína, Cabocla Jurema e Caboclo Laje Grande? E todos dançam e cantam em grande harmonia...

  Quando chegou pela primeira vez, a mestra cantou um linho estranho, falando de terras distantes, de brigas entre mouros e cristãos, de panelas de barro e cheiro de rosmaninho... O catimbó nesse dia ficou silencioso e muitos juraram que uma visagem passou por suas cabeças. Não era santo, nem pajé sábio, era uma velhinha branca, com seu mocho às costas...

  Ressoam os chocalhos, o fumo de tauari enche a sala pobre, mestres rezam suas rezas antigas, cantam linhos, São Cipriano acosta e bota mesa para a esquerda. Tem por companheira de outro mundo a Bruxa, com seu canto, seu mocho, seu bode voador, seu dragão formoso. É noite enluarada, luar do sertão do Brasil...

Muitos catimbozeiros juram que a Bruxa de Évora passa a noite montada nesse cavalo fantasma... É, ela fez muita coisa no Brasil colônia... No catimbó, o povo acredita no cavalo fantasma, animal assombroso que apavora as estradas. Ninguém o vê, mas o sente passar, ouvindo as passadas firmes. Uma luz clara dele emana, que desenha na rua o seu vulto.

A Bruxa de Évora na Umbanda

Como não poderia deixar de acontecer, a Bruxa de Évora também entrou na umbanda. Feiticeira, mandingueira, curadora, foi incorporada à legião das Pombas-giras. Mas ela não é uma entidade jovem e sensual; ao contrário, é velha e sábia como todas as antigas bruxas, que atingiram a idade da sabedoria e do desprendimento das necessidades do corpo.

Sua pele é morena e marcada pelas rugas da idade. O cabelo, ainda negro, é preso em um coque simples e sem vaidade. Seu vestido vermelho é quase um farrapo, com a blusa pendendo de um dos ombros e a saia curta mal ajustada em torno das pernas. Descalça e sem adornos, a bruxa segura a vassoura na qual voa pelas encruzilhadas.

Seu rosto sério mas benevolente mostra que ela prefere fazer feitiços para curar, proteger e promover a felicidade das pessoas que a procuram; mas os olhos brilham com a luz maliciosa de quem vê além das aparências.

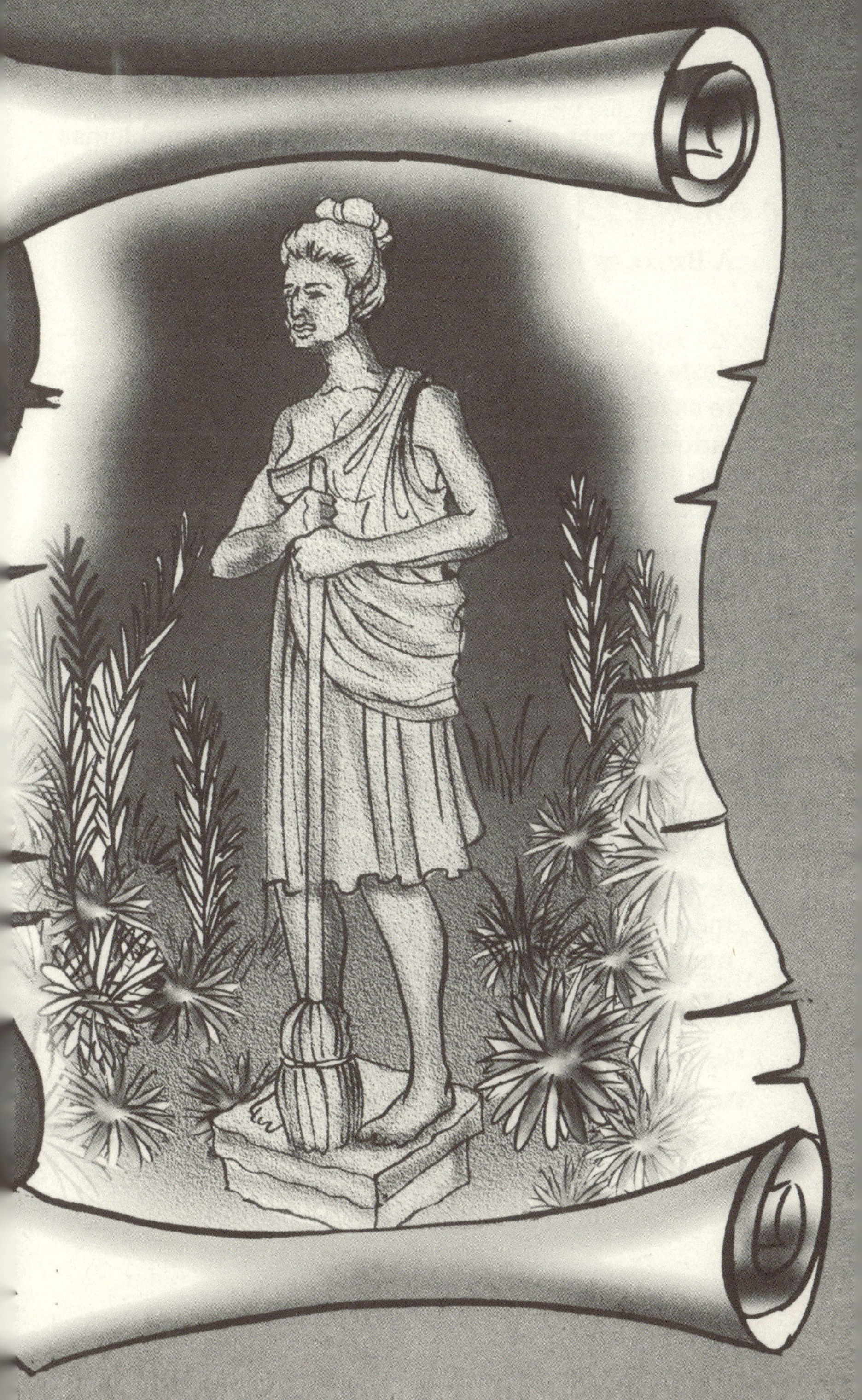

Sugerem que ela poderá promover surpresas indesejadas a quem a tratar mal ou fizer pedidos mal-intencionados, mas que também poderá proporcionar soluções inesperadas para os problemas de seus consulentes.

A Bruxa de Évora na Voz dos Cantadores

O que é visto e sentido nos catimbós do Nordeste surge muitas vezes na voz dos repentistas e corre as feiras e acampamentos. O cantor popular dos estados do Nordeste é um representante legítimo de todos os bardos e menestréis medievais, dizendo pelo canto, improvisado ou memorizado, a história dos homens famosos da região e as aventuras de caçadas, de brigas, de assombrações e de caiporas. E eles cantaram a vida da Bruxa de Évora, acostada nos mestres do catimbó ou alma penada solta, Matinta-pereira assobiando pelos telhados, a bruxa mais famosa de Portugal. Quando eles cantam, cem olhos se abrem, contentes com as estripulias da velhota valente. Assim como os doze Pares de França e D. Sebastião de Portugal, a Bruxa e São Cipriano são gigantes do povaréu, de cá e de lá combatendo em desafio, com suas forças mágicas em riste. Na ingenuidade dos cantadores, menestréis da caatinga, ela viveu novamente e entrou nas rezas das rezadeiras populares.

"Lá vai a Bruxa de Évora
Com seu gato feiticeiro.
De dia trabalha no mato,
De noite com seu candeeiro."

O LIVRO DE ORAÇÕES DA BRUXA DE ÉVORA

Circulava entre os penitentes que sempre visitavam a Sé de Évora, um manuscrito que é chamado hoje em dia de "Livro de Orações da Bruxa".

Orações estranhas, meio endiabradas, mas muito poderosas eram lidas sempre e repetidas até mais não poder. Elas agora não nos parecem muito orações, lembram mais histórias de encantamentos; aí vão elas.

Reza da Bruxa Brimunda

Essa reza é feita para pedir prosperidade no lar.

"Quando acordo sinto a vida nos campos. E sou como o pássaro que voa, sou como a planta que cresce, pois sem eles não haveria o homem. Deus fez os bichos para serem cuidados. Devo cuidar deles. Sem eles morrem os homens. A vida é um conjunto, nada vive sozinho. O mundo gira e o Sol gira em volta dele. As estrelas são para o bem do homem e os filhos para as mulheres. Que eu tenha filhos, casa, meus animais, minha lareira, meu pão, meu terço."

Reza do Bruxo Baltazar

Essa reza serve para pedir saúde.

"Por Nossa Senhora das Necessidades, por São José, por São Jorge e pelos santos limpos de pecado, eu peço saúde. Irei sempre à igreja e terei meus ossos fortes para o trabalho que a vida me mandar."

Reza do Mocho

Essa reza serve para pedir proteção contra inimigos.

*"Eu sou ferro, tu és aço,
eu te prendo e embaraço.
Tu és fraco, eu sou forte,
eu te venço e te amasso.
Tu és de espírito pobre,
eu sou de espírito rico,
nada e ninguém comigo pode
pelas armas de São Jorge.
Se o mocho vier não me leva,
pois ando com as armas de São Jorge."*

Reza da Bruxa Nalisse de Braga

Essa reza é usada para abrir o jogo de cartas.

*"Coloco cinco dedos na parede,
Conjuro cinco demônios,
Cinco monges e cinco frades.
Que eles possam entrar no corpo e no sangue
de (falar o nome do cliente)
E que eu veja o passado, o presente e o futuro
Ao deitar estas cartas italianas."*

Reza da Bruxa Piperona de Alfama

Essa reza, que serve para atrair amor, é feita com cartas de baralho e muita fé.

"Aqui estão vinte e cinco cartas.
Tomem-se vinte e cinco demônios.
Entrem no corpo, no sangue e na alma de
(dizer o nome da pessoa amada),
Nas sensações do corpo,
Dizendo ao(à) meu(minha) amado(a)
Pois ele(a) não pode existir ou comer ou beber
E nem conversar com outros homens ou
mulheres.
Pelas vinte e cinco cartas, ele(a) vem bater à
minha porta."

Reza das Rezadeiras De Goa

Para rezar essa reza contra cobreiros, pega-se um carvão, acende-se no fogo e com ele se cruza o cobreiro, sem encostar na pele. E vai-se dizendo assim:

"Cobreiro de bicho rasteiro,
de bicho peçonhento,
que há de ficar preto
como este carvão.'"

Faz-se essa reza por sete dias, mesmo que o cobreiro já tenha secado, untando o local diariamente com violeta de genciana.

Reza do Bruxo de Leiria

Essa é uma reza contra inveja.

*"Com sete luas e sete sóis eu me defendo.
Sete nós não me atam.
Sete louvores dou ao santo.
Sete pregos não me prendem.
Sou forte.
Sou dos astros bons.
Dia virá em que serei totalmente feliz."*

Reza do Filho do Sapateiro

Essa é uma reza de domínio público em Portugal, usada para proteção geral.

*"Meu sapato tem asas como o vento de Lisboa.
Como todo dia a minha broa.
Bendito seja Deus que nada me pode pegar,
Nem amarrar, nem machucar.
Sou livre de mazelas."*

Reza do Bruxo Ubertino

Reza usada para prevenir-se contra mordedura de serpentes.

*"Serpente de quatro ventas,
Serpenteão,
Serpente do mar das Tormentas,
Serpente que atacou Melquior,
Mas com a luz da estrela ele se safou.
Com essa luz dos três Magos do Oriente*

Eu me defendo.
Assim seja."

Reza do Bruxo Bonifácio de Viana

Essa é a reza protetora do escudo de luz.

"Tenho um escudo que me protege
E sempre me protegerá.
Nada me pega.
Venho do convento dos dominicanos
Com reza santa.
Eles mandaram trancar a chave
Meu corpo.
Venho do trono dos cardeais,
Não serei prisioneiro.
Venho do topo do monte,
Do cume da colina.
Comerei meu pão em santa paz."

FEITIÇOS DA BRUXA DE ÉVORA

FEITIÇO PARA ABRIR OS CAMINHOS

MATERIAL:

Um copo de vidro virgem

Uma garrafa de vinho tinto

Três pedaços de pão

Uma pitada de sal

Uma fita de gorgurão azul-escuro

Um pedaço de papel

Lápis ou caneta

Escreva no papel o nome da pessoa em cuja intenção se faz o feitiço. Junte os três pedaços de pão, com o papel entre eles, e prenda tudo junto com a fita. Salpique o sal por cima. Leve esse amarrado, o copo e a garrafa de vinho para uma estrada, uma praça ou um lugar com mato. Encha o copo com vinho e coloque-o no chão, com o amarrado ao lado, oferecendo à Moura Torta.

TRABALHO DO GATO PRETO PARA O AMOR

Esse trabalho foi encontrado em um pergaminho antigo.

MATERIAL:

Um copo de vidro virgem

Uma garrafa de vinho tinto

Sete pêlos de gato preto

Um ovo choco

Uma vela preta

Fósforos

Para conseguir os pêlos de gato, procure algum conhecido que tenha um animal na cor certa; peça-lhe que guarde um punhado de pêlos para você. Para conseguir o ovo choco, procure um criador de galinhas.

Leve todo o material para uma praça ou um lugar com mato. Acenda a vela preta. Encha o copo com vinho. Coloque os pêlos dentro do vinho e, por fim, coloque o ovo dentro do copo. Ofereça a São Columba, fazendo seu pedido.

MAGIA MEDIEVAL PARA PROLONGAR UM CASAMENTO

MATERIAL:

Um punhado de pedras catadas na rua

Sete velas

Fósforos

Antes de sair de casa, tendo todo o material com você, recite a seguinte invocação:

"Na força do signo-saimão, nas sete estrelas do céu, eu invoco Diana, a guerreira, senhora da caça

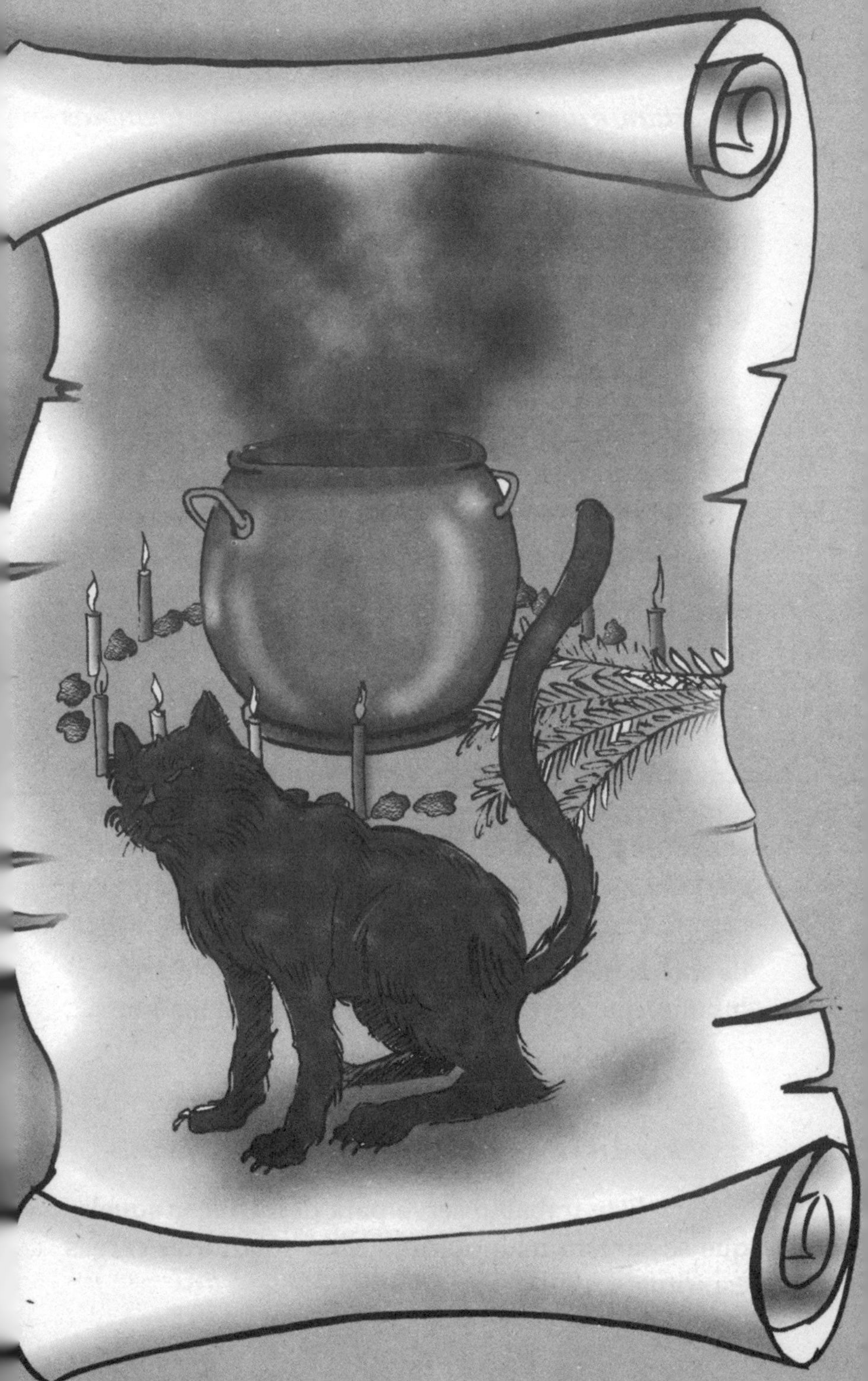

e da fartura, e uno o casal (dizer os nomes dos membros do casal) para que não se separem."

Vá para um lugar ao ar livre, levando todo o material. Faça no chão um círculo com as pedras catadas na rua e acenda as velas em volta delas, repetindo seu pedido.

É um trabalho antigo; tem força e tradição...

Feitiço de Amor da Bruxa de Évora

MATERIAL:

Sete punhados de pó de estrada

Sete rosas vermelhas

Sete cravos-da-índia

Sete nozes-moscadas

Um pedaço de papel virgem

Lápis ou caneta

Um saquinho de pano vermelho

Escreva sete vezes no papel o nome da pessoa amada. Coloque esse papel, junto com o pó, as rosas, os cravos-da-Índia e as nozes-moscadas, dentro do saquinho, que deve ser guardado por quem mais ama...

Bruxaria ou sonho?

Trabalho para Alívio de Opressões Espirituais

Este trabalho serve para descarregar aqueles que se sentem mal, oprimidos ou com fortes cargas espirituais.

MATERIAL:

Uma pequena porção de trigo em grão

Uma pequena porção de centeio em grão

Água

Duas panelas pequenas

Dois pedaços de pano branco

Cozinhe separadamente o trigo e o centeio em água pura. Deixe esfriar. Passe os dois cereais no corpo da pessoa e depois embrulhe cada um em um dos panos. Entregue no mato ou em uma estrada.

Feitiço do Bode Preto para Afastar Inimigos

Assim a Bruxa de Évora trabalhou para uma mulher anã, que era motivo de divertimento para todos e que vivia em infinita tristeza. Essa anã tinha sido tirada da casa dos pais por uma mulher nobre. Os pais foram visitá-la e saíram contentes em ver que ela era bem tratada; não viram a corrente que era usada para atar o pescoço da anã, junto com outra corrente que era atada no pescoço do macaco de Sua Graça a Dama Real...

MATERIAL:

Dezesseis pêlos de bode preto

Um papel branco virgem

Lápis ou caneta

Uma pedra de enxofre

Um saquinho de pano

Um pilão

Uma panela pequena

Para conseguir os pêlos de bode, procure um criador de cabras na área rural próxima do lugar onde mora, ou um estabelecimento que venda animais para criação ou abate.

Escreva no papel o nome da pessoa que deseja afastar. Torre os pêlos de bode junto com o papel e, a seguir, soque os dois junto com a pedra de enxofre no pilão, até ficar tudo bem moído. Coloque o pó dentro do saquinho e jogue dentro de um rio, fazendo seu pedido à Bruxa de Évora.

Feitiço para Obter Riqueza e Fartura

Dizem que a Bruxa de Évora possuía um amuleto feito com a mão de um enforcado. Ela o recebeu numa cerimônia secreta, sob a luz de velas, entre uma caveira e um círio negro; fez juramento e saiu dali montada em um bode. Hoje em dia, o mesmo feitiço pode ser feito com mãos de cera, adquiridas em lojas de artigos religiosos.

MATERIAL:

Um par de mãos de cera

Um papel

Lápis ou caneta

Um pouco de trigo em grão cozido

Um prato de louça branco virgem

Escreva no papel o nome da pessoa que quer ganhar dinheiro. Coloque esse papel sobre as mãos de cera, postas lado a lado, com as palmas para cima, sobre o prato. Ponha o trigo por cima. Entregue em um local aberto (praça, praia, mato ou areal) ou coloque ao pé do altar de umbanda (se freqüentar uma casa de culto ou tiver seu altar em casa), guardando como amuleto.

Esconjuro Contra Espíritos Maus

"Eu sou ferro, tu és aço, eu te prendo e embaraço.

Eu sou luz e tenho comigo a fé de Santa Pudenciana, de São Jorge e de El-Rei, deveras nada me pode maltratar."

Feitiço para Encontrar Tesouros

Conta uma lenda que, certa vez, ia pelas ruas de Évora uma família burguesa, o homem à frente, com capote, peruca e chapéu tricórnio, a senhora com um rosário e véu, a criada com uma larga capa agaloada; e viram junto à Sé uma caixa de ferro. Abriram-na e viram que dentro dela havia jóias e berloques de ouro. A Bruxa de Évora, que passava pelo lugar, falou: " – É um tesouro de dragão", e ensinou um feitiço para atrair tesouros e ganhar prêmios.

MATERIAL:

Uma pedra recolhida de uma sepultura.

Uma cruz de madeira

Leve a pedra e a cruz a uma igreja, na hora em que houver missa. Ao final da missa, exponha os dois objetos, para que eles recebam a bênção do padre. Quando quiser ter sorte em um jogo, encontrar um tesouro ou ter sucesso em alguma situação que lhe vá trazer riquezas, leve consigo os dois amuletos.

Reza de Santa Tecla Contra Feitiçaria

"Santa Tecla, protetora das feiticeiras, salva-me de maldades e feitiços. Fecha meu corpo contra a inveja e o olho-grande, abre-me a porta do céu, não deixa que Grendel, o dragão, me pegue, nem os ogros, nem os elfos, nem os monstros da terra e do ar. Veste-me com o manto de São Marçal e que meus inimigos tenham olhos e não me vejam, tenham pés e não me alcancem, tenham mãos e não me peguem. Assim seja."

Modo de Curar Feitiços Fortes

Essa reza foi ensinada pela Bruxa de Évora ao mercenário Fernão Lima, desertor de guerras e cruzadas que, fatigado, ameaçado pela igreja, vagabundeava por Évora. Ao vê-lo no meio dos pomares da cidade, a Bruxa olhou-o e disse:

– Você sobreviveu aos vândalos, mas está enfeitiçado.

Imediatamente cruzou-o com sal grosso, dizendo essas palavras:

"– Sai, miasma, sai, pó de espírito imundo. Cura estas chagas, Brunilda, velha bruxa da Sé de Braga."

Feitiço de Amor da Panela de Barro

Do século VIII vem esse feitiço, engraçado, mas que dizem ser muito forte, e que ainda hoje é feito em Lisboa.

MATERIAL:

Uma panela de barro

Um pedaço de papel branco virgem

Lápis ou caneta

Um bife de carne de porco

Uma colher de pau virgem

Escreva no papel os nomes das duas pessoas que deseja unir. Coloque a carne na panela, junto com o papel, e leve ao fogo para assar. Quando a carne estiver ficando bem dourada, bata nela com a colher, dizendo:

"Me ame sempre, me queira, me deseje, me sustente, só a mim, como única e só sua."

Depois, entregue tudo no mato, à Bruxa de Évora.

Bênção Contra os Ladrões

A pessoa vai à meia-noite até uma encruzilhada, deixa cair no local uma moeda de seu dinheiro e diz:

"– Este roubo será evitado, aqui eu te dou este presente, Bruxa de Évora."

Amuleto de Proteção Contra Raios

Toda Quinta-feira Santa reuniam-se grandes grupos de peregrinos na porta da casa da Bruxa de Évora. E o feitiço mais comum desse dia era o dos ovos que, segundo ela, protegiam a casa de raios, trovões e todas as coisas malvadas.

MATERIAL:

Um ovo cru, que tenha sido posto na Quaresma

Um saquinho de pano

Uma fita ou barbante resistente

Coloque o ovo dentro do saquinho e feche-o com a fita. Pendure-o no teto ou telhado da casa. No Oriente usam-se ovos de avestruz e, no Ocidente, de galinha.

Adivinhação para Conhecer o Futuro Marido

A Bruxa de Évora fazia adivinhações com claras de ovos para ver em sonhos o rosto do homem com quem a consulente ia casar. Essa adivinhação é feita na Quinta-feira Santa.

MATERIAL:

Um copo

Dois ovos que tenham sido postos na Quaresma

Quebre os ovos, tendo o cuidado de só deixar as claras caírem dentro do copo, e diga o seguinte

"Doce Santa Inês, mandai depressa um homem para eu me casar, pela força deste dia e destes ovos postos no dia santo. Espero vê-lo ainda esta noite."

À noite, quando for dormir, você verá o seu amado nos seus sonhos.

Jogue as gemas fora ou aproveite para fazer com elas algum quitute.

No dia seguinte, despache as claras em água corrente.

Feitiços com Ovos para Casar

MATERIAL:

Dois ovos cozidos (sem descascar)

Sal

Reze os ovos em louvor a Santa Inês:

"Doce Santa Inês, trabalhai depressa que eu quero me casar com um bom homem. Espero vê-lo em sonho ainda esta noite."

Em seguida, coma os ovos com sal, guardando as cascas até ter seu desejo realizado.

Remédio Contra Vermes

MATERIAL:

Uma xícara de leite de cabra

Uma colher (sopa) de farinha de trigo

Três dentes de alho

Sal

Uma panelinha, uma colher

Misture a farinha, o leite e uma pitada de sal na panela. Leve ao fogo para fazer um mingau. Deixe esfriar um pouco e junte o alho. Dê para o doente comer. Enquanto ele come, recite a seguinte reza:

> *"Vermes passem para o leite,*
> *Do leite para o alho,*
> *do alho para a água,*
> *da água para o vampiro*
> *que eu amarrei com uma corda*
> *de seis palmos de comprimento."*

TRABALHO PARA TIRAR ENCOSTO

Um poderoso trabalho da Bruxa de Évora era para retirar o mau das pessoas.

MATERIAL:

Sete dentes de alho
Socador de alho
Um pedaço de fio vermelho

Soque o alho, fazendo um suco. Passe-o na pessoa doente de malefício. Em seguida, com um fio vermelho, amarrare seus pulsos juntos, enquanto canta:

> *"Que todo o mal saia para o fio,*
> *que fique neste vermelho fio*
> *que jogarei no riacho mais próximo.*
> *Que a sua água*
> *salte sobre o vampiro*
> *e que ele morra rapidamente."*

Em seguida, desate o fio e despache como foi dito na reza.

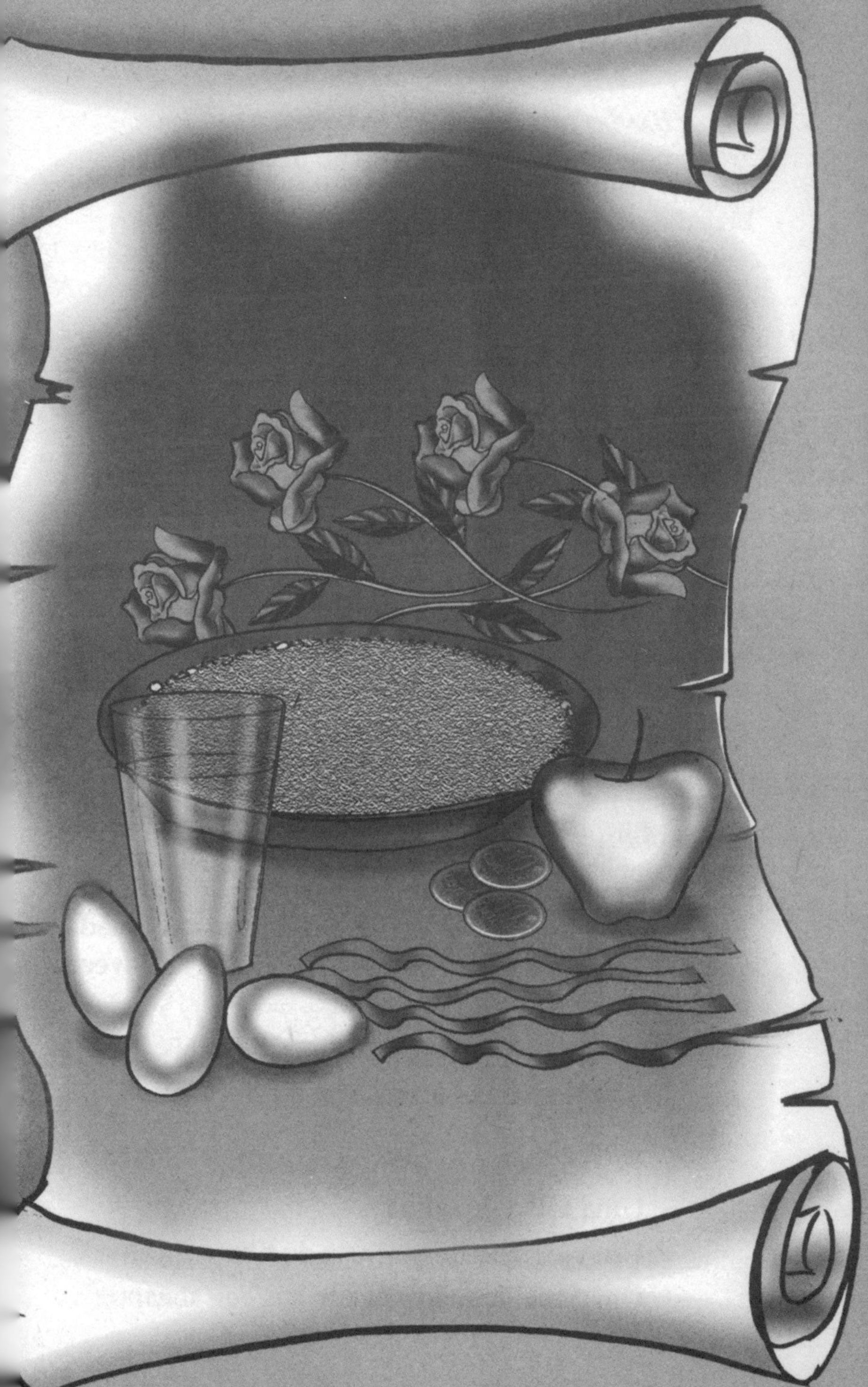

Banho de Rosas para Encontros de Amor

Este feitiço deve ser feito no dia 31 de outubro, dia do Halloween (dia das Bruxas).

MATERIAL:

Sete rosas vermelhas
Uma panela com água
Açúcar
Um papel branco virgem
Lápis ou caneta

Coloque as rosas vermelhas na panela com água e leve ao fogo. Assim que começar a ferver, retire a panela do fogo. Tampe-a e deixe em infusão durante cinco minutos. Em seguida, coe o chá, pensando na pessoa amada. Se o chá borbulhar só um pouquinho, você não é amado(a). Se borbulhar bastante, você é amado(a) profundamente. Use então o chá para tomar um banho.

Se nenhuma bolha se formar, jogue o chá fora. Escreva no papel o seu nome e o da pessoa amada. Cubra com açúcar e guarde até o próximo Halloween, para atrair a pessoa amada.

Trabalho para Amores, com Sálvia e Tília

MATERIAL:

Uma folha de sálvia
Um vidrinho de essência de tília
Um papel branco virgem
Lápis ou caneta
Um cadarço de sapato de um dos dois amantes

Escreva no papel os nomes das duas pessoas. Coloque por cima a folha de sálvia. Borrife o perfume. Amarre tudo com o cadarço. Depois fale assim:

"Assim como as abelhas são atraídas pelo aroma da sálvia e da tília, seu coração é atraído pelo meu."

Guarde esse amuleto em lugar seguro.

Trabalho para Encontrar um Amor

MATERIAL:

Um novelo de lã azul

Um par de agulhas de tricô

Um pedaço de papel branco virgem

Lápis ou caneta

Tricote uma tira estreita e comprida com a lã. Escreva no papel o nome da pessoa que sonha encontrar ou o tipo de quem deseja ter como marido e amarre com essa tira, dizendo assim:

*"Este nó eu amarro, este nó eu tricoto,
Por aquele amor sereno que ainda não conheço.
Assim fez a Bruxa de Évora, assim farei eu."*
Guardar o feitiço em lugar seguro.

Reza para Fechar o Corpo

As bruxas antigas fechavam o corpo de seus amigos e adeptos, usando uma reza como a seguinte, encontrada em um pergaminho antigo:

"Gire, gire, gire, seja, seja muito presente. O mal não virá a você. Seja lindo, brincalhão e bom, proteja os animais. Seu patrão não o poderá ferir.

Ninguém o matará, nem com pau, nem com ferro, nem com erva venenosa. Seu corpo está protegido contra mordida de cobra e olhos invejosos. Sempre, sempre, você estará protegido. Estrume de cabra, leve embora o mal. Dos pés, dos olhos, das orelhas, e que não tenha fome jamais. A deusa da terra o tomará por protegido. Que seus cães não morram. E que o ventre de sua mulher se encha de filhos. Por três cadeias e três fadas melusinas."

Rito para Tirar o Mau-Olhado

Esse encanto foi ensinado pela Bruxa de Évora para quando alguém anda com mau-olhado, com calafrios no corpo, que são sinais de feitiço.

MATERIAL:

Dois ovos de galinha

Pegue um ovo em cada mão e passe-o pelo corpo. Depois jogue os ovos no chão, um de cada vez e, ao quebrá-los, quebramos o encanto do olho mau.

Reza Contra Perigos

"Eu corto linha, eu corto feitiço, eu corto língua de falador. Eu corto inveja, ou coisa arriada, ou coisa feita. Sou filha da natureza, a mãe de toda criatura, e tenho a sabedoria dessa grande mãe."

Trabalho para Obter Riqueza

MATERIAL:

Um vaso de barro para plantas, de bom tamanho
Terra preta para jardinagem
Uma porção de sal grosso
Sete moedas
Um pedaço de papel branco virgem
Lápis ou caneta

Faça o trabalho em um dia de lua cheia. Escreva no papel o seu nome (de quem deseja enriquecer pela magia). Arrume dentro do vaso a terra, o sal, as moedas e o papel; enterre-o. Desenterre no dia seguinte, limpe bem o vaso pelo lado de fora (sem mexer no conteúdo) e guarde-o entre seus pertences. É o vaso da fortuna.

Bruxedo Sultanith

MATERIAL:

Sete maçãs

Um vidrinho de mel

Sete moedas de cobre

Um prato de louça branco

Uma faca comum

Corte as maçãs em pedaços. Arrume no prato, cubra com o mel e enfeite com as moedas. Ofereça à Sultana dona das sete luas, entregando em um jardim ou em uma praça bem bonita, com bastante vegetação.

Pingente para o Amor

MATERIAL:

Uma pedra vermelha (de qualquer tipo)

Fio de cobre

Alicates de artesanato (de corte e de ponta)

Um pedaço de papel vermelho virgem

Lápis ou caneta

Escreva no papel o nome do seu amor.

Corte dois pedaços do fio de cobre que possam envolver a pedra, com uma boa folga. Disponha os dois fios em cruz e torça-os na junção, de modo a prendê-las um no outro.

Coloque sobre o cruzamento dos fios o papel com a pedra por cima. Envergue os quatro segmentos de fio sobre a pedra, ajustando-os bem. Torça as pontas no alto, de modo a prender a pedra entre os fios. Com a sobra dos fios, faça uma alça firme. Pendure no batente da porta da sua casa.

Magia de Libertação

MATERIAL:

Um pão doce bem bonito

Um copo com vinho tinto doce

Pegue o pão doce e o copo de vinho. Reze sete vezes a reza da libertação do medo:

"Não temo nada, pois sou uma boa pessoa, não temo meu senhor que domina o castelo pois ele precisa de mim para que eu plante, e não temo o diabo porque ele vem fraco e alegre na Festa dos Tolos."

Entregue o pão doce e o vinho para os bons espíritos, em um jardim ou em uma praça com árvores.

Poções de Cura dos Feiticeiros

A Bruxa de Évora conhecia muitas plantas medicinais. Com elas, preparava remédios para os doentes que a procuravam.

Com as raízes da azedinha ela curava catarros.

Com uma tisana de raízes de altéia fazia compressas para doenças da pele.

Com a lípia fazia digestivos.

Com a farfara curava a tosse teimosa.

Usava genciana para as mulheres e seus males.

Com o sabugueiro curava o fígado.

Com a valeriana acalmava os nervos e fazia os homens mais ativos.

Com a mandrágora, raiz com forma humana, ela fazia feitiços de casório, de amor e perdição.

Com a romã curava a garganta.

Com vinho e ervas levantava o moral dos velhos.

Invocação às Almas Santas Benditas

O português sempre acreditou em almas, penadas ou santas. E a invocação das almas era feita nas igrejas, quando estavam vazias; acreditava-se muito no efeito dessas magias.

"Ó almas, venham nos ajudar
Na fé de São Valentim
Venham nos ajudar
Na fé de São Tirso
E de São Senhor de Ravena
Venham nos ajudar."

Era no tempo de el-Rei, de mouros enfeitiçados, odaliscas, padres encapuzados, mouras tortas, o tempo da nossa bruxa...

Velhos Feitiços Medievais

A Bruxa de Évora procurava se proteger dos males e perigos do seu tempo, usando todos os recursos em que o povo da época acreditava. Peregrinos lhe traziam relíquias de santos que ela escondia em seu armário de madeira fechado a sete chaves. Em agradecimento, ela fechava seus corpos, cruzando-os com sangue de morcego. Outras vezes, misturava sangue de morcego com farinha e sal, assando como massa de pão. Com esse pão, ela fechava o corpo das pessoas contra a peste, que era muito comum na Europa medieval; a peste negra, por exemplo, matou metade dos moradores da Europa. Assim os diabinhos, as bruxas, os duendes, eram muito invocados contra a peste, além das orações a São Sebastião.

O morcego não servia apenas contra embruxamentos, mas também para outras magias. Uma muito usada pela Bruxa de Évora era o amuleto. Dizia ela que, quem quisesse ficar invisível, deveria carregar consigo um olho de morcego; quem quisesse ficar rico, deveria carregar o coração de um morcego.

Crenças medievais guardadas em manuscritos velhos... parte de nosso passado mágico e encantado ...

AMULETOS PARA AFASTAR AVES E BRUXAS

A codorna era conhecida na Idade Média como ave do diabo. A ela eram atribuídas propriedades diabólicas. Acreditava-se que as bruxas apareciam durante o dia como codornas e, à noite, comiam todo o milho. Para mantê-las afastadas das suas plantações e de suas caminhadas aos locais santos, os camponeses e os peregrinos colocavam na bolsa de viagem penas de uma galinha preta que nunca tivesse posto ovos. Esta superstição existia em Évora e as pessoas escondiam em casa penas de galinha preta que nunca houvesse posto ovos, para afastar a bruxa.

REZA PARA OS PORCOS CRESCEREM

Um feitiço muito usado em Portugal e ensinado pela Bruxa de Évora era certeiro para garantir o crescimento dos porcos. Basta misturar um pouco de carvão em pó em sua ração e dizer as seguintes palavras:

*"Não deixes que os espíritos maus
comam a tua comida*

*olhos maus te vêem
e aqui perecerão
e tu os comerás."*

Proteção do Gado Contra Doenças

Quando o gado adoecia, vinham peregrinos de longe a Évora. A bruxa lhes ensinava assim: pegue duas codornas; mate uma e deixe voar a outra. Mas, antes de soltar esta, respingue-a com o sangue da outra. Com o sangue que sobrou, molhe um pouco da forragem, que é dada para o gado comer. Diga estas palavras:

*"O que houver no lugar mal em ti gado
desapareça.
Aqui não é o lugar do malvado.
Que a doença desapareça.
Gado branco, gado preto, ou malhado
fique forte comigo
e o mal desapareça."*

Para Ver Feiticeiros

O povo de Évora dizia que, se um homem entrasse numa igreja com um ovo nas mãos no dia de Páscoa, reconheceria todos os feiticeiros que estivessem ali. Por isso diziam que a bruxa nunca ia lá nesse dia.

Para Ver uma Bruxa

É uma crença antiga que, se alguém quiser ver uma mulher voando em uma vassoura, pegue um ovo posto na Quinta-feira Santa e vá a uma encruzilhada.

Tem de ser de quatro ruas (aberta). Fique na encruzilhada à meia-noite e verá a feiticeira numa vassoura rodando, rodando...

Trabalho no Catimbó para um Bom Relacionamento Familiar

Da Bruxa de Évora vem uma receita certeira para conseguir um bom relacionamento familiar, quando a família anda brigando, sem bom entendimento.

MATERIAL:

Um aipim

Palitos de palmeira

Azeite-doce

Um prato de papel ou de louça branco

Cozinhe o aipim. Coloque no prato, espete com os galhos de palmeira e regue com azeite. Ofereça no mato ao dono das estradas. No catimbó usa-se a palmeira catolé, mas pode-se usar qualquer palito.

Trabalhos para Casamento no Catimbó

As superstições e os trabalhos para casamento são o que existe em maior porcentagem no mundo. São incontáveis, universais e delicados. Os santos casamenteiros, São João, Santo Antônio, Nossa Senhora de Lourdes, São Cipriano, São Benedito, São Pedro (protetor das viúvas), têm milhares de fórmulas para que o devoto se sinta amado.

A Bruxa de Portugal, acostada num mestre de catimbó, contou o seguinte: quem quiser casar, deve prender um alfinete num vestido de noiva e invocar as forças do amor.

Outro trabalho de catimbó é pôr em sua cabeça a grinalda de flores de uma noiva; isto fará com que você se case logo.

Também é bom escrever o nome da namorada num papel e prender por dentro do sapato do rapaz, dizem os mestres com seus cachimbos de barro e fumo de tauari.

Para que o casamento dê certo, o noivo não deve tocar objeto algum que a noiva vá usar na festa das núpcias.

Outra crença catimbozeira é que, se um dos noivos tropeçar na porta da igreja, morrerá antes do outro.

Embruxamento do Chapéu no Catimbó

Em magia, o chapéu representa a criatura humana; é a cabeça, a sede da razão. No tempo da Colônia, andar sem chapéu era andar sem cabeça. Contam que a Bruxa de Évora, acostada num mestre de fumaça, ensinou este embruxamento:

"Quem quiser dominar a mente de um homem e que ele a ame, pegue seu chapéu e molhe com água com açúcar numa noite de sexta-feira de lua cheia."

Trabalho no Catimbó para Amansar Marido

A bruxa assim ensina, acostada numa mestra de fumaça para a direita (para o bem):

"Faça uma bebida desmanchando e deixando estufar um pouco de farinha de mandioca em água limpa. É bebida refrescante e gostosa e, ao se mexer com os dedos chamando o nome do marido mandão por três vezes, três vezes mais manso ele ficará."

Como a Bruxa Cura Gagueira no Catimbó

Bata com uma colher de pau, por três vezes, na cabeça do gago e diga:

"*Salve a bruxa milagrosa!*"

As Rezadeiras do Sertão e as Poderosas Rezas da Bruxa

Uma rezadeira é uma mulher santa, aparadora de meninos, raizeira, curadora, que todos no sertão têm como amiga permanente. Ela tem o dom, é uma predestinada. Não lembra em nada uma mãe-de-santo, pois não usa roupas especiais, nem tem filhos-de-santo. Ela é um livro de fábulas vivo, sabe coisas que nem o diabo sabe... É doutora sem cartola, sem anel nem diploma. Cura com raízes, cascas de pau, ervas e melaço; faz secar cobreiros ou asma; repreende espíritos maus. Muitas vezes é catimbozeira, recebe seu mestre, caboclo ou índio, dentre eles: Mestre Carlos, Rei Herom, Zé Pelintra, Xaramundi. É de Maria do Ó, uma das mestras, que vem esta receita e reza para afastar mau-olhado bravo.

*"Com três te botaram o olho mau,
Três espinhos te enfiaram, inveja, tremura e amarelão,
Com três eu te tiro dessa aflição,
Na força da Bruxa de Évora
Eu abro o portão onde mora Arcangel e São Cipriano
E fecho a porta do Cão.
Xispa, Tinhoso!"*

BIBLIOGRAFIA

BROOKESMITH, PETER. *Seres fantásticos e misteriosos.* Círculo do Livro, 1984.

JONES, EVAN; VALIENTE, DOREEN. *Feitiçaria, a tradição renovada.* Bertrand Brasil, 1998.

EVÊQUE. *Costume of Portugal.* London, 1814.

FARELLI, MARIA HELENA. *Rituais secretos de magia negra e do candomblé,* 6ª ed. Rio de Janeiro: Pallas, 1999.

HUIZINGA. *O declinio da Idade Média.* Universidade de São Paulo, 1987.

LE BON, GUSTAVE. *A civilização árabe.* Paraná Cultural. CASCUDO, LUÍS DA CÂMARA. *Dicionário de folclore brasileiro.* Rio de Janeiro, Edições de Ouro, s/ d.

ARAÚJO, ALCEU MAYNARD. *Folclore nacional.*

FARELLI, ANA LÚCIA. *Iemanjá e o complexo mundo da Grande Mãe.* Rio de Janeiro, Eco, s/ d.

Este livro foi impresso em novembro de 2013, na Gráfica Arvato, em São Paulo.
O papel de miolo é o pólen 90g/m² e o de capa é o cartão 250g/m².